魅力口才系列

戴佳晋◎著

SPM
南方出版传媒
广东经济出版社
·广州·

图书在版编目（CIP）数据

让脱稿成为一种习惯：敢讲能讲会讲/戴佳晋著. 一广州：广东经济出版社，2017.10
ISBN 978-7-5454-5794-0

Ⅰ.①让… Ⅱ.①戴… Ⅲ.①演讲－语言艺术－通俗读物 Ⅳ.①H019-49

中国版本图书馆CIP数据核字（2017）第223735号

出 版 人：姚丹林
责任编辑：易 伦 甘雪峰
责任技编：许伟斌
装帧设计：李 尘

让脱稿成为一种习惯：敢讲能讲会讲
RANGTUOGAOCHENGWEIYIZHONGXIGUANGANJIANGNENGJIANGHUIJIANG

出版发行	广东经济出版社（广州市环市东路水荫路11号11~12楼）
经销	全国新华书店
印刷	北京盛兰兄弟印刷装订有限公司（北京市大兴区黄鹅路西临89号）
开本	710毫米×1000毫米 1/16
印张	16.5
字数	199 000
版次	2017年10月第1版
印次	2017年10月第1次
书号	ISBN 978-7-5454-5794-0
定价	39.80元

如发现印装质量问题，影响阅读，请与承印厂联系调换。
广东经济出版社常年法律顾问：何剑桥律师

第一章

放下“念”想，无所畏惧

第二章

“大战”在即，有备无患

第三章

脱稿讲话注意抑扬顿挫

第四章 肢体语言让脱稿讲话更精彩

第五章 脱稿讲话也需抠细节

第八章

尴尬来临巧应对

第九章

人人都能脱口秀

第十章

脱稿有技巧，讲话有章法

第十一章

让脱稿成为你的习惯

01
第一章
放下“念”想，
无所畏惧

念稿，通俗地讲就是照本宣科。这是一种毫无技巧，更无压力的讲话方式。对听众来说，这种讲话形同灌输，不仅严重脱离听众，而且容易引起听众的抵触情绪。因此，要想拉近与听众之间的距离，就必须放下“念”想。如此，才能无拘无束，在聚光灯下、在万众面前、在任何场合任意发挥，无所畏惧。

聚光灯下要淡定

我们都见过聚光灯，服装店、购物超市、电影院等地方总是灯光耀眼，给人以强烈的购物欲望和现场感。这里当然不是让大家联想在这种场合的舒心和畅快，讲这个话题意在引出演讲的场景。

刚上大学的胡鼎，一直不怎么活泼，起初同学们觉得没什么，以为时间长了就好了。但随着接触的增加，胡鼎不仅没有丝毫改变，反而紧张感有越来越严重的态势。在一次课上，他被教授请上台发言时，终于彻底暴露了：哆嗦着上台，刚站定就不停地咽口水、冒虚汗、声音颤抖，没坚持三分钟，他就脸色发白，嘴唇发乌，最后只能在同学们的大笑声中下台。

后来有同学问他："你为什么紧张？"他回答："我不喜欢和别人交流，喜欢自己一个人待着。"同学只好悻悻地走开。

这个故事道理很简单：一个大学生，是家庭的担当，是未来社会和国家的希望，你都这样不自信了，这个国家和你自己将来的事业、前途不都完了吗？再高的学历，不和外界接触又有何用？

善于言语表达，特别是在公众场合能当众讲话的能力尤其重要，因为这是在大众面前展示你自己的机会，是让朋友、同学、上级领导和下属员工认可你甚至佩服你的机会。这种机会如果都没法把握住，个人的发展前途肯定会受到严重的制约。

美国一项权威调查表明：在人群中，95%的人当众说话会不淡定，剩下的5%的人并不是不淡定，而是淡定得从来不敢当众讲话。

其实，我们要相信当众讲话不淡定的心理是可以通过训练逐步克服的。掌握讲话的技巧有助于缓解不淡定的情绪。上学时缺乏讲话训练，工作后也少有当众讲话的机会，使许多人讲话没有章法，让人感觉言之无物，重点不突出，思路不清晰，逻辑性不强。这些问题都可以通过学习一些讲话技巧而得到改善。当我们能清楚、明白地表达自己时，就能找到自信，有了自信，当众讲话就会淡定了。

当众讲话虽然有一定的技巧，但技巧知道得再多，不去实践照样不能灵活掌握。因此，多练习是成功的关键。多练习一是便于技巧的掌握；二是使练习者习惯在人多的场合讲话。

在生活和工作中要找机会多开口，强迫自己多开口，开始可能比较难做到，但慢慢地，你会发现自己一次比一次说得好。只要掌握一定的方法，再加上多练，当众讲话不淡定完全可以克服。

由于自我意识的存在，人们非常关注自己在他人眼中的形象，在这种情况下与人交往，免不了产生紧张、不安和担心等情绪。怎样克服这种紧张的心理，淡定地在聚光灯下开口讲话呢？

放马过来

很多讲话焦虑者缺乏自信，提高自信心有助于消除焦虑感。提高自信心有两个原则：一是减少对自己的否定性评价，增加肯定性评价，大胆放马过来。如“我现在的自我状态不错”“我做得很棒”“别人不会看不起我”；二是参与那些容易成功的活动或社交情境，当你与某个人接触能够不太焦虑时，就是一个信心的支持，通过多次锻炼，你的自信心就会越来越强。

降低内在欲望

人与人交往的过程中都会有一种内在的欲望，希望给对方留下好印象，而想把自己的缺点隐藏起来，这是很自然的事。然而，这种欲望太强，就会很在意自己的表现是否完美、是否出色，造成紧张情绪。当我们不苛求自己能让人人满意，能容忍自己在人际交往中出现失误或失态，不过分在意自己的表现，而是追求自自然然地与人交往时，不淡定情绪就不会产生了。

模仿、效法

在日常生活中，我们可以仔细观察他人在与人接触时，是如何运用言语、表情、手势等技能的，模仿他人是如何待人接物的，从而增加自我的人际交往能力。

淡定的手段

深呼吸是最简便的放松法，当自己在社交场合感觉紧张时，可以找一个不引人注目的角落，有规律地做几次深慢呼吸，同时在心里默念：放松、放松。还有一种放松的方法是想象性放松法，通过想象让自己进入最容易放松的情境，如在幽静的公园里散步、在温暖的沙滩上晒太阳或者是在草原上看日出，每天练习几次，想象得越逼真越鲜明越好。当你以后在社交场合中感觉紧张时，便可想象练习时的情景，以达到淡定的状态。

> 聚光灯并不可怕，只要掌握自信原则，多些淡定就好。其实有时候你的举动别人根本就没有注意到，而你却为此惴惴不安了很久。你要认识到别人对你的看法，对你来讲并不重要，别人的讥笑或不屑是因为他们不了解你，是他们的错而不是你的错，你不需为此负责，你更没必要“见光死”。

自信练习“八法”

这是我们熟悉的心理活动：

这么多人，让我即兴发言，又没有准备，这不是强人所难吗？

说话既要有逻辑性，又要思路清晰，还要能吸引听众，这好难啊！

我最怕表达，每次当众讲话，都是脸红心跳，语无伦次，真是难堪！

……

一个“难”字，让很多人一听到脱稿讲话便手足无措，丧失信心。工作有困难有解决办法，生活有困难有解决技巧。而脱稿讲话有困难，也同样有灵丹妙药。

我们都知道的美国口才大师戴尔·卡耐基先生，本来是没有一点演讲天赋的人，他曾经连续12次演讲都是在“极度紧张”“被人嘲笑”的情况下以失败告终。为此他无地自容，还曾萌生自杀的念头。这种酸楚不是一般人所能体会的。但就是这样一个人，最后成为享誉全球的演说家、人类心灵导师。当有人问他最关键的成功因素是什么的时候，他答道：自信。

自信是个体对自己认识活动和实践活动的成果抱有成功把握的一种预先反映。

居里夫人说：“我们应该对自己有信心，我们要相信，我们的天赋是用来做某件事情的，无论付出什么代价，都要把这件事做好。”所以，自信心对我们非常重要。

十大元帅之一的陈毅，20世纪50年代初担任上海市市长，有一次在上海文化广场做报告，著名导演黄佐临正好坐在演讲台的后面。陈毅在发言过程中不时地拿起讲稿看看，但黄导演发现陈毅拿起的"讲稿"上一个字也没有，只是张白纸。

陈市长的讲话总是深受上海人民的欢迎。这次也不例外，台下不时响起热烈的掌声。会后，他问陈毅："陈老总，您怎么用一张空白的稿纸啊？"陈毅笑着回答说："不用稿子人家会讲我不严肃，信口开河。你们做戏，我也做戏嘛。"

陈老总的自信溢于言表。尽管作为一位文武双全的杰出的革命家，他发言可以不用讲稿而出口成章，但为了满足听众的心理需求，强化讲话效果，他就"做戏"式地用稿纸代替讲稿而脱稿演讲。有了这份自信，他才能在演讲时，胸有成竹，潇洒脱稿。

大部分人从一岁开始就会牙牙学语。有人认为：说话有什么值得琢磨的？我没有学过不也说得好好的？现在不是照常工作？有这些想法并不奇怪。但事实并非如此！

讲话是一门艺术，也是一种技巧。既然是技巧，就不是天生的，是可以经过训练而获得的。这种训练，首先就必须从自信抓起。有脱稿讲话的佼佼者总结了下面这八种方法。

真情眺望

一个人的眼神可以透露出许多信息。现实生活中，当对方东张西望的时候，直觉往往会告诉我们：这个人是不是要隐藏什么？他怕什么？他会对我不利吗？

不正视别人，通常意味着：在你旁边我感到很自卑；我觉得不如你；我怕你。躲避别人的眼神，意味着：我有罪恶感；我做了或想到了什么我不希望你知道的事；我怕一接触你的眼神，你就会看穿我。这都是从眼神中得到的一些不良的信息。

正视别人等于告诉他：我很诚实，而且光明正大。我相信我说的话是真的，毫不心虚。

笑出八颗牙

笑是坚强的推动力，它是医治信心不足的良药。但是许多人不相信这一套，因为在他们恐惧时，从不试着笑一下。真正的笑不但能治愈自己的不良情绪，还能化解别人的排斥心理。如果你真诚地向别人笑出标准的八颗牙来，他是无法对你生气的。

中国有句老话："伸手不打笑脸人。"懂得笑，你便会觉得美好的日子又来了。当然笑就要笑得"敞亮"，皮笑肉不笑是没有用的，要露齿大笑才能有功效。我们常听到，"当我害怕或愤怒时，就是不想笑。"的确，这时任何人都笑不出来。窍门就在于你应该强迫自己："我就大笑了，咋地？"

抢头排坐

在现实生活中，不管在学校教室还是单位礼堂，后排的座位总是先被坐满。我们中的大部分人，都希望自己别太显眼。而这种坐法，反映的是这些人缺乏信心。相反地，敢坐前面是信心满满的体现。你不妨把这当作"纪律"试试看，从现在开始就尽量往前坐。当然，坐前面的确比较显眼，但要记住，涉及讲话的一切都是显眼的。

怕就说出来

内观法是研究心理学的主要手段之一，这是实验心理学鼻祖威廉·华特提出的观点。此法就是要求很冷静地观察自己内心的情况，然后毫无隐瞒地讲出观察结果。

别想多了

大众场合沉默寡言的人都觉得："我的意见可能没有价值，如果说出来，别人可能会觉得很愚蠢，唉，还是不说的好。况且其他人可能比我懂得多，我说不是丢人现眼吗？"他们常常会对自己许下诺言："下次一定发言。"其实，到下次他们还是不会发言。事实上，这些沉默寡言，期望重头来过的人，正是信心缺乏的高危患者，得了这种病又不根治，会越来越丧失信心。从积极的角度来看，如果尽量发言，就会增加信心，下次也就更容易发言。所以，想太多不如马上说，这才是提升自信的"强心剂"。

因此，不管是参加会议，还是一般交流、脱稿讲话，都要心无旁骛，拒绝沉默，当好"破冰船"，主动发言。不要担心你会显得愚蠢，观点虽不同，见解总入心，终会有人赞成你的说法。所以，别想太多。

多肯定，少否定

生活中，有这样一些人：当看到镜子里自己的形象或肤色时，他们总会忍不住产生某种幸福的感受。相反，也有些人却被自卑感所困扰。虽然彼此的肤色都很黑，但自信的人会以为："我的皮肤黑又亮，这不是典型的墨玉么？"此时她的内心一定暗自窃喜。可是，缺乏自信的人却会痛苦地呻吟："咋整地，我这张脸怎么这么黑啊？"两种人的心情完全不同。

提速百分百

许多心理学家将懒散的姿势、缓慢的步伐，跟对自己、对工作以及对别人的不愉快的感受联系在一起。但是心理学家也告诉我们：借着改变姿势与速度，可以改变心理状态。你若仔细观察，就会发现，身体的动作是心灵活动的结果。那些遭受打击、被排斥的人，走路都拖拖拉拉，完全没有自信心。而满怀信心的人则常常走起路来雄赳赳，气昂昂。他们的步伐告诉整个世界："我的地盘我做主！"

使用这种“提速百分百”的技巧，昂首挺胸加快脚步，久而久之，你就会逢事自信满满，更别说脱稿讲话了。

别做作

卖弄、做作以欺骗别人，达到满足虚荣心的行为，它反映的是缺少自己不具备的气质却强行感觉自己拥有的心理。这实际上是另一种不自信。因此，讲话需要自信，但不可过头，尤其是一些不懂的问题，万万不可装懂。大胆坦然地承认，这不仅不会损害你的形象，还会给人以诚实可信的感觉。对于别人的魅力和取得的成就也要勇于承认，并致以钦佩和赞赏。

社会现实告诉我们，一个人要想在竞争四起的社会上脱颖而出，拥有自信、具备随时脱稿讲话的能力，往往比埋头苦干还重要。脱稿讲话是挑战，更是机遇，太多的人都是不敢讲或者不知该怎么讲，留下的是遗憾，失去的却是展示自己的机会。

你的胆怯没人懂

胆怯，是一种每个人都有的心理活动，就像每个人都会高兴和痛苦一样。由于它的内在表现像空气，来无踪去无影，而外在表现又严重影响人的交往和个人魅力的展现。所以，人们对胆怯才看不懂，猜不透，有时无奈，有时厌烦，急欲除之而后快。

徐刚是某大学的研究生，他的女朋友小燕是音乐学院的钢琴手，最近要参演一个音乐会。本来是好事，她却愁眉不展，这让徐刚很迷惑：“好好的，怎么不高兴呢？”后来和小燕聊天才知道答案。

小燕：“好久没有上台了，心里打鼓。”

徐刚：“以前小的时候不是也上台演出过吗？”

小燕：“是啊，人家现在就是害怕嘛！”

徐刚：“那就多练练，熟能生巧，就不怕了！”

小燕：“谁说的呀，人家怎么练都没用嘛，还是紧张得要死。昨天排练，手都在琴上抖，没有一首曲子能完整地弹下来。”

徐刚：“那就在家里练好再说！”

小燕：“可人家在家练都可以弹得很好。就是怕人多，我真怕到时候丢人丢大发了……”说着说着，小燕还透出了哭腔。

显然，女朋友的胆怯徐刚不懂。

据统计，约有四分之一胆怯的成人在儿时并不胆怯，但是在长大后变得胆怯了。这可能与遭受过挫折有关。这种人以前开朗大方，交往积极主动，但由于复杂的主客观原因，屡屡受挫而变得胆怯畏缩、消极被动。

事实上，小燕的胆怯并不是个案，它是由诸多因素导致的。如：准备不周全，得失心太重，越想完美越弄砸，等等。其实，即便是著名的表演者、歌唱家、球员，也会有这种“怯场”的压力。全球著名的男高音歌唱家普拉西多·多明戈就出现过一场表演暴音五次的最高失常记录，而这完全是由胆怯、紧张造成的。

在日常生活中，没有谁在意你，然而，一旦成为众人注目的焦点，就会引发小燕所说的紧张反应。所以，我们采取的措施应该是先接受这个状况，明白这是一个普遍现象。

知道上台怯场是一个普遍性的问题，就不必那么突显自己的不行，努力以平常心看待自己的紧张并接受它，一旦如此做了，我们就能与它和平相处。

根据神经语言程序学的原理，人的活动是受意识支配的，表层意识受更深层意识控制。因此，经过一定的自我训练，胆怯是可以克服的。

那么，胆怯到底是什么呢？

它实际上是一种错觉，是人们把预期的感觉当成真正的事实，因此提前预知到了压力、挫折、痛苦。人们的行为表现要么为了追求幸福，要么为了回避痛苦。胆怯正是为了回避这个假想中的痛苦而做出的反应。

既然是假想中的痛苦，你就必须正视它，顺藤摸瓜地问自己，你怕的到底是什么？怕丢人、出洋相、不成功……你做了胆怯的事后到底有什么损失呢？没有损失，只有收获，巨大的收获，不可用价格衡量的成功。督促自己看看克服胆怯后带来的巨大好处，最大的好处就是你突破了自我，突破了人生中最频繁出现的，最限制自身发展的障碍，走出了个人迈向成功的决定性的第一步。还有一个好处就是你排除了胆怯的干扰，提高了做事的效率。

克服胆怯之后，你会发现交流是乐趣，而从交流中你会得到比乐趣更多的东西。

脱稿讲话，最大的起始点在于无惧无畏。如果你是一个独立讲台的演讲者，心情紧张在所难免，特别是听众的某些偶然因素人为地造成紧张。比如某个听众，突然发出一声尖叫，既容易造成场面混乱，又容易引起演讲者情绪的波动。

这时，你应该知道，会场上，你才是主角，在保证大局稳定的前提下，迅速转移目光，或者采取流动式的虚视方法，有意识地回避目光对视，以保持良好的心境。当然，凡事尽可能往好的方面想，多看积极的一面。合理运用语言暗示也是可以的。

在一堂意境课上。老师点开大屏幕展示画面——巨大而美丽的彩虹挂在天空，此时老师惊喜地说道："哇！好美的彩虹呀！"同学们也睁大了眼睛赞叹："好美呀！"老师接着提问："彩虹像什么？"

孩子们议论开了，有的说像丝带，有的说像桥，还有的说像滑梯……

老师在开头就向我们暗示了她的意境——优美、明亮、温馨。怎样把握、突出并帮助同学去理解、感受故事意境呢？教师充分调动学生视觉与听觉，短短的几分钟把大家带入了"彩虹的境界"。

这是暗示和信念带来的结果。我们都玩过跳高，有时候总觉得自己跨不过去，可是当你看见一个比自己重了一倍的大胖子轻松跃过去的时候，你心里是什么样的感受？是不是也充满了信心，暗自鼓劲（心理暗示）：一个"石磙"都能跳过去，我就这么笨？

于是，你也毫不费力地跳了过去。可见，没有了包袱，放开了就可以做得更好。

事先做好准备，答题时就会应对自如；熟记演讲内容，演讲时便会口若悬河；发言开口时声音洪亮，结束时也会掷地有声。除了这些策略、技巧之外，更重要的是要培养自己各方面的能力。因为有能力才会有自信，有自信才能克服自卑、羞怯。

养成“站起来”说话的习惯

良好的脱稿讲话的习惯是进行社会交际的基本能力。这种能力要求每个人都动起来，敢于发表自己的意见。如果我们每个人都有这样的想法：“只要我站起来说了，哪怕是错误的也比那些不敢说的人强百倍。”久而久之，不但增强了自己说话的信心，还培养了创新思维。渐渐地，不管在什么情况下，我们就都能大胆发表自己的见解，轻松与人交流。

相传，有一对父子冬天在镇上卖便壶（俗称“夜壶”，旧时男人夜间或病中卧床小便的用具）。父亲在南街卖，儿子在北街卖。因为是第一次独自撑门面，所以，儿子谨小慎微地蹲在地摊前，一副胆怯的样子。不多久，有了看货的人，其中一个看了一会儿，说道：“这便壶大了些。”儿子也不答话，见大家都在挑夜壶的毛病，儿子才细声应和：“装的尿多。”人们一听，觉得好笑，便扭头离去。

蹲在南街的父亲也遇到了顾客说便壶大的情况。当听到一个老人自言自语说“这便壶大了些”后，他马上笑着站起来，轻声地接了一句：“大是大了些，可您想想，冬天夜长啊！”好几个顾客听罢，都会意地点了点头，继而掏钱买走便壶。

父子两人在一个镇上做同一种生意，就因为说话方式不同，产生了截然不同的结果。原因就在于是否敢于大胆地“站起来”。我们不能说那个儿子的话说得不对，本来，买便壶不俗不丑，但毕竟还有些私密的因素在内。人们可以拿着脸盆、扁担等大大方方地在街上走，但若拎着个便壶走在街上，就多少有些不自在了。你不但不站起来，还极不雅致地来一句“装的尿多”，这不是令人难堪吗？而那个父亲则很高明。他首先站起来，一是对他人的尊重；二是从他人的角度讲话，一句“冬天夜长啊”看似离题却饱含深情，富于启示。

做生意如此，其他情况也一样。站起来讲话是自信、阳光的体现，大凡缺乏勇气的人大多猥琐、怕事，一到人多的场合就不知所措、心慌意乱，哪还有站起来“亮相”的胆量。

“言语的发源地是具体的情景。”随时脱稿讲话，貌似信马由缰、无拘无束，其实并不是这样。演讲，听者众多；会议，有大有小；闲聊，交流感情，等等，这些都是需要认真对待的场景。因此在日常生活中，我们应该多创设符合生活实际的交际情景，并在这样的情景中，站立身体，挺胸抬头，有意识地培养自己身临其境的感觉。这样，随时讲话的主动性就会被慢慢激发出来，从而带着情感，怀着兴趣去“说”。

苏玟洁是2016年一家IT公司新招的信息管理员，每天坐在电脑前整理资料、收集信息，工作勤勤恳恳、任劳任怨，唯一不足的就是胆小怕事，不敢站起来说话。

一次，公司组织演讲比赛，因为她所在的科室大部分人都出差，只剩下她和两个新来的实习生。所以，部门领导让她做做准备。

这下让她犯了难。“站着说话不腰疼”，这句本来是揶揄那些自己得了好处，也不体谅别人痛苦的人的话，成了苏玟洁搪塞的理由。她从心里抵触演讲。

随着演讲日期的步步临近，苏玟洁如热锅上的蚂蚁，打退堂鼓肯定不行，因为当时自己没胆量拒绝，现在才说不干，部门领导肯定发火。但要上台，还要站起来有板有眼地讲话，她心里的确是七上八下。

万般无奈之下，苏玟洁只能硬着头皮上。

每天中午食堂开饭时，她都主动和厨房阿姨一起忙上忙下，帮这个同事打饭，给那个同事盛菜，并有意无意地聊上几句，按她的说法，这是“练胆”。事实上，当她每次站在同事们面前的时候，大家投来的都是会心和灿烂的笑容。由此，苏玟洁的信心很快建立起来了，她开始认真准备自己的演讲内容。

终于，演讲的时候到了，她大大方方地走向讲台，尽管心里仍然很慌张，但当她一眼望去，周围都是每天在食堂里见到过的笑脸，一切顾虑顿时烟消云散。

按照事先的准备，她站定身子，一字一句地开始了自己的演讲，没有客套，也没有讲稿，就那样侃侃而谈，如同日常与大家交流一般。苏玟洁的演讲声情并茂，条理清晰，得到了大家的一致好评。一个星期后，公司邮箱发出了一条通知。当苏玟洁打开邮箱时，首先看到的便是：“一等奖：苏玟洁”这几个字。

从此，苏玟洁的讲话大胆了，工作有劲了，部门领导和两个实习生也不时投来敬佩的目光。

敢于面对众人，尽量争取发言机会，你就会越来越自信满满。苏玟洁的例子告诉我们：世上无难事，只怕有心人。只要我们放下包袱，充满自信站起来展示自己，时间久了，接触的面孔多了，就没什么可害怕的了。

要做到随时脱稿讲话，就要多站少坐，有“抢”着进入角色，“争”着站起来发言的意识和态度。

朋友聚会是练“胆”的最佳时机

胆小，泛指一个人怕事，过于谨慎，不敢面对人和事。其表现，除了躲避，更多的是紧张。心理学家认为，紧张是一种有效的生理应急方式，是对付外界刺激的绝佳手段。因此紧张并不全是坏事。然而，持续的紧张状态，则严重扰乱机体内部的平衡，并让人笨嘴笨舌，口齿哆嗦。因此，我们应该学会自我消除紧张状态。而朋友聚会是练“胆”的最佳时机。

张茵和温雅是最好的闺蜜，温雅大学毕业后准备去深圳工作，而张茵则打算回老家备考硕士。张茵一直腼腆，人一多时就不愿意说话。

过中秋节时，原来高中的同学相约欢度良宵。一大群朋友团聚在一起，甚是热闹。晚饭后，有同学提议搞个“中秋文艺演出”，得到了大家的赞同。

“谁来当主持人呢？”同学问。

“我！”温雅大声地喊着，张茵看看温雅又看看大家，没作声。从她的神情可以看出，她其实很想试可又不敢。见此情景，早就知道张茵性格的温雅想，“这么好的机会可不能让她错过了”。她知道张茵一直很优秀，什么都好，就是胆小怕事。其实从与她的接触中，温雅曾听说她很崇拜中央电视台的节目主持人董卿，于是便快速转过话题说：“对不起啊，我抢茵茵的‘饭碗’啦！我虽然女儿身，但长得太像撒贝宁了，不行不行，一个人做不来。谁愿意做我的老搭档董卿呢？”

“我！”张茵一听董卿就来劲了。

于是，张茵、温雅开始了她们的节目主持。

“首先请黄杰为我们来一段相声。”张茵蛮神气地对同学中有“侯宝林弟子”之称的同学说。

黄杰大大方方地用明亮的嗓音来了段单口绝活。大家都拍手鼓掌。

“下面请温雅为我们表演舞蹈。”张茵继续了她的主持。

“现在请袁莉为咱们唱歌。”有一个同学来了段《青藏高原》。

在温雅的提议下，张茵又做起了演员。于是，同学们有的打拍子，有的敲茶几为张茵“伴奏”，大家一起跟着唱起《一生有你》：

因为梦见你离开，
我从哭泣中醒来。
看夜风吹过窗台，
你能否感受我的爱？
等到老去那一天，
你是否还在我身边？
看那些誓言谎言，
随往事慢慢飘散。
……

屋子里充满了欢声笑语。温雅发现，从那以后，张茵的胆子变大了不少，当着众人讲话也大方多了。甚至在欢送自己的人群中还能带领大家一起喊口号——“期待再聚！”

讲话是与人沟通的一种最基本的载体，是现代人才必备的基本素质之一。在现代社会，由于经济的迅猛发展，人们之间的交往日益频繁，语言表达能力的重要性也日益增强，好口才越来越被认为是现代人所应具有的必备能力。张茵的改变固然有同学的鼎力相助，但内因是解决问题的关键。所以，张茵能在公共场合勇敢讲话，是她克服心理障碍和紧张情绪的主动行为。可以说，以同学、故旧、朋友之间的聚会“练胆”，不啻为一个好的方法。

人们常说：“在家靠父母，出门靠朋友。”在朋友面前，很少有人会拘束、害怕。因此，在朋友面前有意识地放胆说话，毫无顾忌地放胆发言，将为你在不同的情景及陌生的状况中敢说敢讲、直言表达，提供锻炼的契机。

一般的人和演员有本质的不同，演员是“人来疯”，越多的人看她(他)，她(他)就越自豪，她(他)喜欢别人欣赏她(他)。一般的人上讲台之所以心慌，是因为心里想着别人都是看自己，在关注自己，面子薄的人一下子就手足无措起来。

面子薄的人，不仅仅在讲台上，即使在大街上，都会手足无措，因为他心里想的就是：有人在注视自己。事实上在大街上谁会注视你呢？即使有，也就是扫了一眼而已，完全是自己心理在作怪。

> 面子薄的人在公众场合，一定要有这样的想法：其实他们谁也没有注意自己，自己不漂亮，也不难看；没有人喜欢自己，也没有人讨厌自己。只要自己这么想，首先心里就能安定下来。然后还要胆子大一些、脸皮“厚”一些，主动扫视、注视对面观众的眼睛、表情。只要你主动直视对方，就能让对方不自然起来。实质上也就是用眼光先战胜观众，做到这点，自己的情绪就能稳定下来了。

模拟多类场景，练就一副好口才

中国著名演讲家、“新中国演讲事业的开拓者”、中国第一位演讲学教授邵守义有一句名言：“是人才未必有口才，有口才必定是人才。”有口才的人说话具有“言之有物、言之有序、言之有理、言之有情”等特征。

那么，要练就一副好口才，应该怎样才能做到有物、有序、有理、有情呢？模拟多类场景就是一个不错的选择。

我们知道，口才并不是一种天赋的才能，它是靠刻苦训练得来的。古今中外历史上一切口若悬河、能言善辩的演讲家、雄辩家，无一不是靠模拟场景训练而获得成功的。先来看我国早期无产阶级革命家、演讲家萧楚女的场景模拟练习。

萧楚女在重庆就任四川省立第二女子师范学校教员时，除了认真备课外，每天天刚亮就跑到学校后面的山上，找一处僻静的地方，把一面镜子挂在树枝上，对着镜子，想象面前是一座礼堂，接着健步走到镜子面前开始练演讲。他从镜子中观察自己的表情和动作，好的保持，错误的纠正，接着离开镜子，如此反复无数次，意在练习进场、上台、演讲、离开等各个环节。经过这样的刻苦训练，他掌握了高超的演讲艺术，其教学水平也迅速提高了。

1926 年，他 30 岁时，就在毛泽东同志主办的广州农民运动讲习所工作，他的演讲至今受到世人的推崇。

我们再来看美国前总统林肯的场景模拟术。

为了获得逼真的口才练习场景，林肯总希望把自己置身于角色之中，因此，他多次徒步30英里，到一个法院去听律师们的辩护词，观察他们的举止、手势、表情及如何论辩、如何答疑、如何举证等。他一边听，一边模仿。每次听完那些云游八方的福音传教士挥舞手臂、声震长空的布道，回来后都照单全收。他会找一个僻静的地方有模有样地学他们的样子。他曾把槐树、栏杆、树桩甚至是成行的玉米当作听众，练习口才。

萧楚女也好，林肯也罢，他们之所以有今天的成就，与他们的刻苦努力是分不开的。对这两个人的模拟方法仔细研究后你会发现，他们都有一个共同的特点，这就是：练口才的人，场景模拟要大胆。

人类获取知识的最初途径通常就是模仿。面对一个不会讲话的小孩，你对他笑，他就对你笑；你对他点头，他便会手舞足蹈，这就是模仿。其实，在互联网高速发展的今天，大量的学习资讯与资料，我们都可以不费吹灰之力地找出来并模仿。除了上面两例中的实景模仿外，任何关于语言表达的，比如相声、评书、小品、电视剧等都可以照搬照用。事实上，这种“拿过来就用”的情景在生活中并不少见。

刘国明原来是从事软件开发的，他讲话时通常没什么面部表情，语气、音色也是一条直线，缺乏起伏感。但自从他调入培训部后，通过自己对网络的熟悉，寻找到大量的模拟场景视频并逐个揣摩、训练。最终，在他主持的一堂公司内部PDF制作短训会上，让所有同事都大吃一惊。谁也没想到，原来讲话木讷，发言总是令人困倦的他居然可以声情并茂、幽默风趣地完成主持任务。

培养好口才，是为了随时随地与他人沟通、交流。当你在不同场合，面对不同对象，当众发言时，如果出现紧张怯场、面红耳赤、大脑空白、思维混乱、语无伦次；重点不明、言之无物、条理不清；无文采，无新意；缺乏感染力、吸引力、说服力等情况时，你就会在大量场景（教室、公园、广场、公交车站、公交车上）的模拟演练中看到差距、找到窍门。

模拟的越多，你吸取他们优点的机会就越多。因此，只要我们持之以恒，时间长了，一样能滔滔不绝，侃侃而谈。当然，场景的设定是多方面的，比如：求职面试场景、主持会议场景、打电话场景，等等。设定这些场景，能让我们有身临其境的现场感，能提供有针对性的对话参考，培养语言适应力。要记住，模仿的过程一定是提高的过程。我们小时候向爸爸、妈妈及周围的人咿呀学语，向周围的人模仿身姿，同样，练口才我们也可以拜这方面有专长的人为师。

下面几种方法可以参考：

随时模仿。我们每天都会听广播、看电视，因此你可以随时跟着播音员、演播员、演员进行模仿，注意他们的声音、音色，他们的神态、动作，边听边模仿，边看边模仿，日久天长，你的口语能力就会得到提高，而且会增加你的词汇，增长你的文学知识。

专题模仿。要尽量模仿得像，要模仿对方的语气、语速、表情、动作等，并在模仿中有创造，力争在模仿中超越对方。

模仿专人。在生活中找一位口语表达能力强的人，请他讲几段最精彩的话，录下来，供你模仿。你也可以把你喜欢的，又适合你模仿的播音员、演员的声音录下来，然后进行模仿。

> 模拟多类场景其实就是设定一个交流的平台进行实战演练，达到提高说话水平的目的。应该说，经常进行模拟多类场景讲话，是增强自信心、培养好口才、确保随时讲话的重要手段。

【脱稿范例】

阿曼达·帕摩尔：请求的艺术（节选）

我以前并不靠音乐谋生。自从我 5 年前，从一所正派的文理学院毕业起，这是我白天的工作。我是一座个体经营的、名为“8 英尺新娘”的活雕像，我喜欢告诉别人这是我的工作。因为大家都想知道，这些怪人在真实生活中到底是什么样的?

大家好，我每天把自己涂白，站在一个盒子上，在脚边放一顶帽子或者一个罐子，如果有路过的人向里面投钱，我会递给他们一朵花，并且和他们进行强烈的眼神交流。如果他们没有收下花，我就表现出悲伤和充满渴望的样子，看着他们慢慢走远。

我与人有着最深层次的接触，尤其是那些看起来好几个星期都没有与人交流的孤独者，我们共享一个美好的时刻，城市街道上可以发生的一次漫长眼神交流，我们都感觉好像有点爱上了对方。我的眼睛会说，“谢谢。我看到你了。”他们的眼睛则会说，“从来没有人在意我的存在。谢谢你。”

有时候我会被骚扰。开车路过的人从车里对我大喊。“找份工作去！”我的反应是“这就是我的工作”。但是这让我很伤心，因为这让我感觉我的工作不正经、不公平和可耻。

我没想到站在这个盒子上以音乐谋生的经历，竟会有如此深刻的教育意义。经济学家们可能会对这一点感兴趣，我的收入其实相当稳定，因为我没有固定的顾客，这一点让我自己也非常吃惊，我一般周二挣 60 美元，周五挣 90 美元。我的收入是稳定的。

……

我喜欢这样幸运的、随机的亲近感觉。因此，我常常做沙发客。在大房子里，我们的每一位团队成员都有自己的房间，但是没有无线网，在朋克乐迷占据的废弃房屋里，所有人都睡在一间房间的地板上，没有卫生间，但是有无线网，这一优势使得第二种方式成为更好的选择。

……

我曾经问一支为我们开场的乐队，他们愿不愿意到人群中去，传递帽子筹一点额外的钱，我经常这样做。

和往常一样，乐队非常兴奋，但是其中有一位成员告诉我，他没有办法说服自己这样做。拿着帽子站在那里感觉实在是太像乞讨了。我意识到这种恐惧就是我想到“这公平吗”和听到“找份工作去”的时候的感受。

同时，我的乐队发展得越来越好。我们和一家主流唱片公司签约。我们的音乐是朋克和卡巴莱（cabaret）的集合体。不是所有人都能接受。也许你会喜欢的。签约之后，公司举办了大量的宣传活动为我们的新唱片造势。唱片推出之后仅仅几周就卖出 2.5 万张，但是我们的公司认为这是一张失败的专辑。我当时就说，“2.5 万张，不是很多吗？”他们说，“不，销量在下降。这是一张失败的唱片。”随后他们就抛弃了我们。

与此同时，一次演唱会结束之后，我为歌迷签名与他们拥抱的时候，一个人走上前来给了我一张 10 美元的纸币，他说：“不好意思，我从朋友那里翻录了你的 CD。不过我读了你的博客，我知道你不喜欢你的公司。我希望你收下这笔钱。”

这样的事情现在常常发生。我们的演唱会结束之后，我变成那个收集钱币的帽子，我就站在那里，接受人们的帮助，和之前开场乐队的那个成员不同，我在这方面拥有丰富的经验。谢谢。

……

做音乐的过程中，我一直希望能像我站在盒子上的时候一样，与不同的人相遇。所以我的博客和微博上不仅有我们的巡演日期，我们的新音乐录音带，还有我们的作品，我们的艺术，我们的恐惧、宿醉和错误，这样我们就能真正感受到彼此的存在。当我们真正建立这种联系时，我们就希望互相帮助。

我认为人们花了大量的精力试图解决错误的问题，也就是“我们如何强迫人们付钱购买音乐？” 我们应该问一个新的问题，“我们如何让人们主动为音乐慷慨解囊？”谢谢。

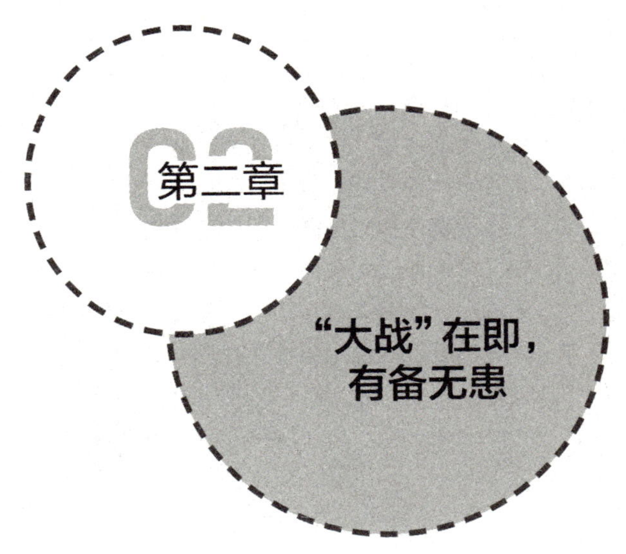

02 第二章

“大战”在即，有备无患

“脱稿讲话之前，要对讲话的主题、重点、声调包括肢体语言等，都有一个大概的框架准备，尤其是开场白、转换语、结束词，要做到有备无患，这样观众对你的第一印象、外在形象、讲话内容才会有一个深刻印象。”

拟定提纲，打好腹稿

脱稿讲话，包括演讲、参与讨论、表明观点、说服别人及即席发言等，而这些随时需要“手到擒来”的讲话方式，都离不开“肚子里有货”。因此，拟定讲话提纲，培养打腹稿的能力就成为讲话成功的基本功。

著名诗人、学者、民主同盟中央委员闻一多，虽为著名讲师，但每次演讲和讲话前，都特别注意提纲的拟定和腹稿的准备。有一次，他准备发表《最后一次演讲》，为增加讲话的力度，他除了拟定讲话的大致提纲、每条讲述内容、引例等，还从讲话的开头语到过渡部分直至结尾，都做了精心谋划。

经过细致的前期谋划，他一开口便打动了听众。来看他的开场白：“这几天，大家晓得，在昆明出现了历史上最卑劣最无耻的事情！李先生究竟犯了什么罪，竟遭此毒手？他只不过用笔写写文章，用嘴说说话，而他所写的，所说的，都无非是一个没有失掉良心的中国人的话！大家都有一支笔，有一张嘴，有什么理由拿出来讲啊！为什么要打要杀，而且不敢光明正大的来打来杀，而是偷偷摸摸的来暗杀，这成什么话？”

闻一多的演讲从一开始，就用一连串激昂的感叹句，把演讲直接引入正题，给听众一种畅快淋漓的印象。有了好的铺垫，他接着按部就班地将演讲一次次推向高潮。

脱稿讲话重在理清讲话思路，做到胸有成竹。俗话说：“好记性不如烂笔头。”想一遍，脑子记一次；写一遍，脑子记一次；看一遍，脑子又记一次；再把提纲默读一遍，就记了四次。这样，脑子、视觉、嘴巴都参与，记忆当然就深刻很多。如果只靠脑子记，没有视觉和嘴巴的参与，自然记不深刻，容易忘记。另外，手中有稿，心中不慌。如果没有提纲，不打腹稿，万一遇到忘词的情况，就只能干瞪眼没办法。而如果有提纲在手，腹稿在心，就可以看一下提纲，有一个提示。而且，带“货”上台，腹中有“粮”，心里不慌，反而不太容易忘词。

什么情况下可以打腹稿？只有一种情况，就是老调重弹。当你换了场合，重复以前讲过的内容时，可以打腹稿。除此之外，只要是第一次讲的内容，都应该本着“凡事预则立”的原则，动手写出提纲。

拟定提纲、打好腹稿，讲起来方寸不乱，从容发挥，没有明显的语病，一次即席讲话也就成功了一大半。因此，拟定提纲、打好腹稿十分关键。

那么，如何才能把提纲列好，把腹稿打好呢？可以从以下三点入手。

立片言之居要

如果时间紧迫，来不及构思全篇，可以采用“立片言之居要”的方法，就是先开门见山地用直言肯定句式提出自己的主张或见解，然后以此为发端，用一组句群进行讲述。这“片言”就是“意核”，讲的时候完全是对“意核”进行剖解。从破题到展开、到多角度的论证、到最后的总结，句句话都言之有序地“黏”在“意核”上。

对“居要”之“片言”作全方位分解，如下“三字诀”可以作为表达的提示：“正面说”（肯定的角度）、“反面议”（假设性否定）、为什么（列举理由）、怎么做（指出门径）、找例证（论据实证）、作归纳（回应论点）。当然不一定面面俱到，有时将一两个方面说清、说透彻，也可能是一篇很好的演讲。

浓缩的都是精华

对于训练有素和有经验的发言者来说，在讲话前的短暂时间内，就能根据现场的情况确定讲话的中心内容，以及先说什么，后说什么。对于经验不足的发言者来说，讲话前可将内容高度浓缩，进行要点提示，以免遗漏。

比如在某单位体育比赛发奖会上发表即席讲话，其主要内容应包括以下几点：一是向获奖的集体和个人表示祝贺，向教练员、工作人员表示感谢；二是要说明举办这项活动的意义；三是号召向运动员学习；四是希望今后继续举办。根据这些内容，可以用“祝贺”“感谢”“意义”“学习”“希望”等词来对讲话内容进行抽象概括，作为讲话主干，届时进行发挥。

形散神聚，以“情”取胜

社交演讲常常是先有“情”后有“意”，表达受某种情绪的驱使，其特点是即席生情、即席觅意、即席取材、即席成趣。当我们进入社交场合时，可以先不去构思演讲内容，而是先充分感受其气氛，理出自己的感情线索。讲的时候先确立一个意愿，然后诙谐洒脱地随兴驱遣，无雕琢痕迹，娓娓道来但其意渐显。这类演讲形散神聚，以“情”取胜，显得真挚而有灵气。

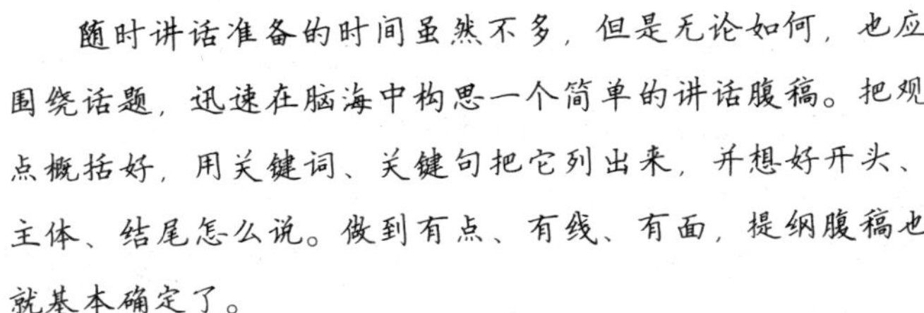
随时讲话准备的时间虽然不多，但是无论如何，也应围绕话题，迅速在脑海中构思一个简单的讲话腹稿。把观点概括好，用关键词、关键句把它列出来，并想好开头、主体、结尾怎么说。做到有点、有线、有面，提纲腹稿也就基本确定了。

先排练，后展现

你在演讲时是不是也出过这样的洋相：

会议中轮到自己发言时，比上刑场还难受，头脑一片空白，被人耳语；台下说话还行，但一上台就磕磕巴巴，语不成句，手脚不知往哪儿放，说了上句忘下句……

事实上，随着时代的发展，越来越多的人已经意识到演讲的重要性。具有优秀的演讲口才，是适应现代社会发展的重要本能。

通常，绝大部分的人在准备演讲时，往往是把大部分时间花在了记演讲稿上面，而忽略了演讲前的排练。因为他们觉得只要记住演讲的内容就可以了。其实，演讲跟演话剧是一样的，你可以想象一下，如果一场话剧没有事前反复排练会是什么结果。所以，可以毫不夸张地说，排练在很大程度上决定了一场演讲是精彩还是平庸。

排练演讲要注意哪些细节呢?

演讲前至少 3 次以上大声排练

注意，是大声，不是默念。还是那句话，如果一场话剧在排练时，演员只是默念台词，能达到排练的真正效果吗?

显然不是。大声，能让你提前感受演讲的情境，能帮你及时修正演讲的语言，能让你加倍熟练演讲的节奏和内容。大声排练一次，抵得上默念十次。

当然大声练习讲究发音准确、吐字清晰。所以，要尽量把每个字音都完整地发出来。咬字头、立字腹(圆)、收字尾，同时使用鼻、口、喉、胸四腔。说话的声音要大，速度要快，不要有停顿。

开始朗读的时候速度较慢，逐次加快，一次比一次读得快，最后达到你所能达到的最快速度。读的过程中不要有停顿，发音要准确，吐字要清晰，要尽量把每个字音都完整地发出来。可以用录音机把你的速读录下来，然后自己听一听，从中找出不足，进行改进。

至少安排一次在观众面前进行排练

比如你的家人、好朋友、伙伴、同事，还有孩子等。他们会站在听众的角度来明确指出问题所在，并向你提供有价值的意见或建议。

同时，多些背诵。这种排练的目的有两个：一是培养记忆能力；二是培养口头表达能力。记忆是练口才必不可少的一种素质。“诵”也就是我们常说的“朗诵”。它要求在准确把握文章内容的基础上进行声情并茂的表达。背诵法的着眼点在“准”上。也就是你背的演讲词或文章一定要准确，不能有遗漏或错误的地方，而且在吐字、发音上也一定要准确无误。

练气、练声

首先要练气。

吸气：吸气要深，小腹收缩，整个胸部要撑开，尽量把更多的气吸进去。注意吸气时不要提肩。

呼气：呼气时要慢慢地进行。要让气慢慢地呼出。呼气时可以把两齿基本合上。留一条小缝让气息慢慢地通过。学习吸气与呼气的基本方法，你可以每天到室外去做这种练习，天长日久，定会见效。

其次是练声。

在发声以前先要做一些准备工作。放松声带，用一些轻缓的气流振动它，让声带有点准备，发一些轻慢的声音，千万不要张口就大喊大叫，那只能对声带起破坏作用。声带活动开了，我们还要在口腔上做一些准备活动。我们知道口腔是人的一个重要的共鸣器，声音的洪亮、圆润与否与口腔有着直接的关系，所以不要小看了口腔的作用。

每一遍排练都要掐表计时

不计时的排练不算真正的排练，要把每一次排练想象成是跨栏练习，计时、计时、再计时。开场需要多长时间、主要内容需要多少时间、一个要点需要多少时间、收尾需要多长时间、互动需要多少时间等，都要进行计时。直到你能够很轻松自如地在规定的时间内（最好还要留出一些时间）完成你的演讲。特别是缺乏演讲经验的人，更是要提前准备，增加排练次数。

丘吉尔普遍被人们认为是世界上最伟大的演说家之一，为了准备在英国国会下议院的第一次演讲，他用了多长时间呢？ 6 个星期。

给自己的演讲录像或录音

当你排练到已经比较熟练的情况下，再安排一次录像或听录音的排练，通过观看自己的演讲视频或录音可以给你很直接的反馈，让你可以更完美地再进行调整和改进。

想要让你的演讲更加成功、精彩，请记住——先排练，后展现！

表达时要声情并茂。准确、完整、生动地表述自己的想法，准确复述、转达别人的话。准确、生动地描述景、事、物、人和生活。

脱稿讲话中的“柜子理论”

要学会脱稿讲话，并非完全不要写稿子、念稿子。相反，文稿是很重要的工作载体，是对重要工作信息的集中记录。没有文稿，工作就缺乏准确性、权威性、系统性。为了节约时间和防止讲话跑题，我们在进行脱稿讲话前，反而应该认真思考讲什么、怎么讲、讲多少，亲自动手，事先准备一个发言提纲，甚至写成一个完整的讲话稿。要学会恰当地利用稿子和驾驭稿子。

信息时代，人们已经不怎么动笔了，尤其是许多领导干部、企业管理者都由秘书代劳，因此动笔的机会更少。但是，秘书写的讲稿多半程式化，尽管他们会尽量符合领导的语言习惯，但始终不如领导干部自己动笔更能展现自己的魅力。

有这样一个笑话：

美国总统罗斯福问美国的外交官哈里曼：“为什么英国首相的演讲那么激动人心呢？我们的撰稿人怎么就写不出那么有水平的东西呢？”哈里曼说：“那是丘吉尔自己写的。”

由此可见，在演讲稿这个问题上，还是亲自动手的效果比较好。

其实，要想写好讲稿，可以遵循“柜子理论”。具体的方法是盘点自身、列表取舍。每个人都可以把自己的经历分成几个阶段，每一个阶段又可以找到一两个代表性的故事。也就是说，盘点一下自己的经历，列表记录。比如，童年阶段、求学阶段、从军阶段、从政阶段等。然后，聚焦演说这几个阶段。每个阶段，都会遇到代表性的人和事。把这些人和事列表，这就是演讲所需的材料。

戴尔·卡耐基在总结成功的演讲经验时说过："一切成功的演讲，都是来自于充分的准备。"

其实，除了上面的方法，我们获取演讲材料的途径还有很多，概括起来主要有两点。

一是获取直接材料。所谓直接材料，是指演讲者自己的经验和思想，这就要求我们平时做有心人，"家事国事天下事，事事关心"，广泛地阅读、收集、积累材料，古今中外的人文科学、自然科学都要学习，同时加强自我的思想、道德、情感等各方面的修养，处处留神观察，认真体验便能获得许多材料。

二是获取间接材料。所谓间接材料，主要指从书籍、报刊、文献中所得的材料。多收集历史资料，对那些重要的历史事件、人物的有关情况要熟记，并分门别类地进行整理；多收集现实资料，对当今国内外发生的重大的政治、经济、文化、科技等各个领域的事件、人物的有关情况要了如指掌，进行思考。收集的材料可以记纲要、大意，也可摘录。一般记在笔记本上或卡片上，使用灵活。不管是获取直接材料还是间接材料，都要做到广泛采撷，精于筛选，等于归档整理，使之条理化、系统化。这里特别要引起注意的是，要对收集的材料进行归纳、研究、分析、发掘出新意，提出自己的观点和见解。

收集材料要注意以下原则：

1.收集材料要定向，防止盲目性和随意性。我们必须把握方向，有计划、有针对性地收集。

2.材料要充分。演讲要求大量地、详尽地收集和占有材料，既要纵向了解事物发生、发展的经过，又要横向了解事物各方面的联系。不仅要了解事物的正面材料，而且要了解事物的反面材料，以便多方位、多角度进行分析、比较，这样可以避免认识上的主观性和片面性。

有了素材之后，就需要统筹使用，布局谋篇，打出一个“柜子”。比如说，要打造一个“演说训练”的柜子，这个柜子要有几个抽屉，抽屉里可以放演说准备、脑的训练、口语表达训练、态势语训练、即兴演说、表达常规模式……把所经历的人和事分门别类，看看是应该放到“演说准备”抽屉里，还是放到“脑的训练”抽屉里，或者是放入其他抽屉。我们平时可以多想想，自己收集到的信息、得出的心得应该如何分类，需要的时候又该如何组织，才能使讲稿内容言简意赅、精辟生动、深入人心、引起共鸣。这不仅节约了时间，而且更容易达到讲话的教育、指导、启发等目的。

组织材料是一项细致而又具创造性的工作。打个比方，改革开放以前，家家都很穷，穿衣戴帽是“新三年，旧三年，缝缝补补又三年”。当时，虽然大家的衣服上都打着补丁，但穿得很清爽。如今，每个人的衣柜都有很多衣服，但每次赶赴约会、参加会议、串门做客，都会反复试装，累得满头大汗，可能最终也没穿出满意的效果来。

其实，人的大脑也是一样的，需要不断打理，让脑子清爽起来、空灵起来。现在的很多人每天都很繁忙，需要接触方方面面的人、事、物。久而久之，大脑里的各种信息纷繁庞杂，一时很难理出头绪。

> 平时一定要注意思考，抽空整理自己大脑的信息，这样才会使自己的思绪清晰，工作效率也将大大提高。

台下长见识，台上当讲师

日常生活中有个词，叫“听讲”，很少有人说“讲听”的。这个排序无关顺畅，完全是道理使然。造物主给了每个人两只耳朵，却只有一个嘴巴，很明显就是让我们要善于听，慎于听。听得多了，别人的优点、不足等就成为自己的参考系数，也为自己随时脱稿讲话“打造”出了心理蓝本。正所谓：台下长见识，台上当讲师。

倾听不是简单地用耳朵来听，它是一门艺术。倾听不仅仅是要用耳朵来听说话者的言辞，还需要全身心地去感受对方谈话过程中表达的言语信息和非言语信息。狭义的倾听是指凭借听觉器官接受言语信息，进而通过思维活动达到认知、理解的全过程；广义的倾听包括文字、交流等方式。倾听的主体者是听者，而倾诉的主体者是诉说者，两者一唱一和，有排解矛盾和宣泄感情等优点。

曾经有个小国的使者到中国来，进贡了三个一模一样的金人，把皇帝高兴坏了。可是这个小国的使者不厚道，同时出了一道题目：这三个金人哪个最有价值？

皇帝想了许多办法，请来珠宝匠检查，称重量、看做工，结论都是一模一样的。使者还等着回去汇报呢。泱泱大国，不会连这都不懂吧？

最后，有一位老臣说他有办法。

皇帝将使者请到大殿，老臣胸有成竹地拿着三根稻草，分别插入三个金人的耳朵里。第一个金人的稻草从另一边耳朵出来了，第二个金人的稻草从嘴巴里直接掉出来，而第三个金人，稻草进去后掉进了肚子，什么响动也没有。老大臣说：第三个金人最有价值！使者默默无语，答案正确。

这个故事告诉我们，最有价值的人，不一定是最能说的人。善于在台下长见识，才是成熟的人最基本的素质。

在人际交往中，善于倾听对方的谈话，尤其是善于倾听带着某种鲜明特点者的谈话，反映了一个人的素养和交往技巧。善于倾听的人耐心、虚心，他们在随时脱稿讲话方面一定会是成功的。

很多人在交谈中倾向于用自己的意见、观点、感情来影响别人，因而谈个不停，似乎非如此无法达到交谈的目的。这样的人很容易招致别人的厌烦。实际上，只做一个好的演讲者不一定会成功，还须做一个好的听众。在演讲、谈话中，任何人都不可能总是处于说的位置上。要想使你在台上谈的东西得到台下人的认可与共鸣，就必须先在台下善于倾听他人的谈话。善于倾听的人，懂得“三人行，必有我师”的道理，能够利用一切机会，博采众长，丰富自己，而且能够留给别人讲礼貌的良好印象。

蒲松龄因为虚心听取路人的讲述，记下了许多聊斋故事；唐太宗因为兼听而成明主；齐桓公因为细听而善任管仲；刘玄德因为恭听而鼎足天下。

不能够在台下倾听别人，总喜欢在台上滔滔不绝的人，其讲话也会时时出错甚至失败。其实，很多时候不在于他们说错了什么，或是应该说什么，而是因为他们听的太少，或者不注意听。比如：别人的话还没有说完，他们就抢着说，讲出些不得要领、不着边际的话；别人的话还没有听清，他们就迫不及待地发表自己的见解和意见；别人兴致勃勃地与他们讲话，他们却心不在焉，手上还在不断拨弄别的东西。有谁愿意与这样的人在一起交谈，又有谁喜欢听这样的人上台“胡咧咧”呢！

越是能成功在台上讲话的人，越善于倾听。因为他们懂得比较，善于总结、借鉴。

她不算天生丽质，她曾被发现也曾被忽略，她采访过的人数以百计，她以说话为生，并且用心倾听每一个故事。她被称为中国的奥普拉，她是一个天生的访谈家，她就是鲁豫。

从主持音乐节目《音乐无限》开始，到《凤凰早班车》《VIP会客室》以及为她量身定做的访谈节目《鲁豫有约：说出你的故事》等一连串节目，鲁豫以人情味成功开创亲切形象，她主持的节目深受观众欢迎。应该说，她是一个成功的“讲师”。然而，在谈到“听”对她的影响时，她说：“我觉得倾听是一件非常重要的事情。第一，倾听需要足够的自信，我觉得爱抢话的主持人其实是不自信的主持人。第二，对待不同的人，我会用不同的语言方式去交流。第三，有时候装傻也是很重要的，只有装傻，才能得到嘉宾的证实。还有一点，我很敏感，作为一个采访者，敏感是必需的。对，我会说‘天哪’‘真好’，有时候我会连续地说‘真好’，我还对一些比我小的人说‘大哥你没事吧’，这些话都是我平时偷听人家的，我只是借用而已。当然，这只是对比我小的人，真的对比我大的人说，就不好玩了。”

从鲁豫朴实的故事中可以看出，听有多么重要。听不仅能让人增长见识，还能拿来就用，提炼其中的精华，为自己讲得更好提供佐料。

对那些需要随时脱稿讲话的人来说，听，是一项非常重要的技能。走下讲台，身处台下时，更是如此。下面三个技巧能帮助你在台下成为更好的倾听者。

排除其他事情

你所能给予对方最好的善意，就是你的全神贯注。若要有效倾听，就需要100%的专注。

透过眼神，人能表露出更多的感受与理解。如果你觉得很难与对方进行眼神接触，可以试着把视线焦点放在对方两眼间的鼻梁上。

先把对方的话听完

不要预设对方的话应在何时停止、谈话内容应朝哪个方向发展，也不要认为你知道对方的句子会如何画下句点。即使你非常擅于猜测，也不要把猜想说出口，就算你猜对了，这样的举措还是错的。你应该保持耐心，专心倾听，不要打断对方的话。最重要的是，对于对方所提出的问题，请不要在一开始时，就先设定回答的框架。

记笔记

记笔记能让你保持专注，也能让你保持清醒。对台上的讲话人而言，记笔记也有正面意义，它代表你重视这个话题，重视讲话的人，而且你会记下正确的信息。如果你能以轻松的态度记笔记，就能发现对方更多的优点。

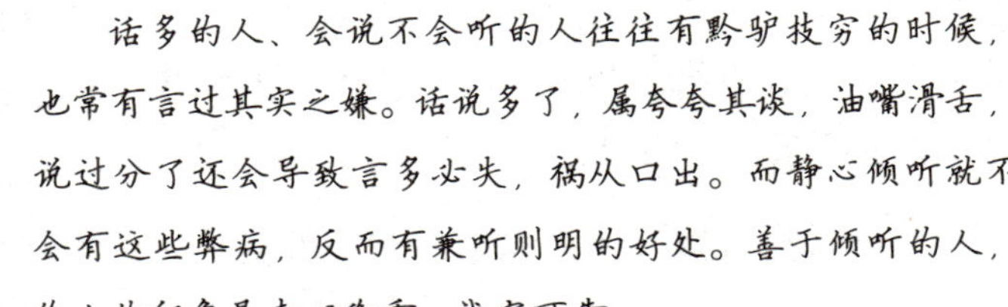

把结尾讲成掌声

俗话说："编筐编篓，重在收口。"演讲的结尾，就是演讲的"收口"，演讲的成败在一定程度上取决于演讲的结尾。因此，演讲的结尾要比开头和主体部分要求更高，内容要更有深度，语言要更有力度，方法要更巧妙，效果要更耐人寻味。

那么，怎样的结尾方式才会起到良好的效果呢？

先来看几个把结尾讲成掌声的范例。

决心式

这种结尾感情饱满、态度鲜明，激情奔放、有助于坚定听众的信念，增加演讲的感召力。如演讲稿《无愧于伟大的时代》：

同学们，让我们高举起"五四"的火炬，弘扬民主与科学的精神，把爱国之情、报国之志化为救国之行，用我们的热血和汗水、青春和智慧，甚至是生命，向我们的先辈和后代，向我们的祖国和民族呐喊：我们将无愧于伟大的时代，无愧为炎黄子孙！我们将无愧为跨世纪的中国人！谢谢！

这种结尾言简意赅，语言真切，充分表达了演讲者鲜明的立场和坚定的决心，从而有力地鼓舞着广大听众朝着这一目标奋进。

号召式

这种结尾是演讲者以慷慨激昂、扣人心弦的语言，对听众的理智和情感进行呼唤，或提出希望，或发出号召，或展示未来，以激起听众感情的波涛，使听众产生一种蓬勃向上的力量。如演讲稿《一位纪委书记的"小家"和"大家"》结尾就是用提希望的方式结束。

同胞们，朋友们，我们正处在一个伟大变革的黄金时代，经济的发展，国家的富强，民族的振兴，需要全体人民的艰苦奋斗，特别是共产党人的模范带头作用。如果每一个共产党员都能正确处理好"小家"和"大家"的关系，严格地按党性原则要求自己，用党的纪律约束自己，用党旗下那神圣的誓言激励自己，那么我们党的形象将会更加光彩照人，我们党将会更加坚强伟大。

点题式

用重复题目的方式结尾。演讲的题目或标题是演讲的重要组成部分，是最具个性和特色的标志。在演讲结束时，如果重复题目，再一次点题，就能加深听众对演讲的印象，使听众产生强烈的共鸣。1989 年，西班牙的卡米洛·何塞·塞拉·特鲁洛克获诺贝尔文学奖，塞拉在授奖仪式上发表了题为《虚构颂》的演讲，他这样结尾：

通过努力和想象，人最终可以成其为人。在这种很大一部分尚未完成的事业中，虚构在任何时候、任何情况下都是一个决定性的工具：在通向自由的无尽的征途上，它能够给人们指引方向。

《虚构颂》的结尾直接回归演讲的主题，强化了作者所倡导的"虚构"的重要性，将作者的文学主张重重地烙在了人们的心里。点题式结尾更能突出演讲的中心论点。

由此可见，演讲结尾是演讲内容的收束，它起着深化主题的作用。结尾的方法还有归纳法、引文法、反问法等。归纳法是概括一篇演讲的中心思想，总结强调主要观点；引文法则是引用名言警句，升华主题、留下思考；反问法是以问句引发听众思考和对演讲者观点的认同。此外，演讲的结尾也可以用感谢、展望、鼓舞等性质的语句作结，使演讲能自然收束，给人留下深刻印象。

总体来说，除了上面几种易引发掌声的结尾外，还有许多实用性强，同样也能给听众带来共鸣的结尾方式。如“谢”字式、余味式、高潮式、名言式、抒情式，等等。

以“谢”字式为例。

“我的演讲完了，谢谢。”

“最后，让我再次感谢领导给我这个难得的竞聘机会，感谢各位评委和在座的所有听众对我的支持和鼓励。”

“今天天气这么冷，大家还都来捧场，这使我非常感动。无论我竞聘是否成功，我都要向各位领导、评委和在座的朋友们表示深深的谢意！”（说完给大家深深地鞠了一躬。）

以上是三名演讲者在同一次竞聘演讲会上的结束语，虽都是言“谢”，但第一个人的“谢谢”有“客套话”之嫌，掌声一般。第二个人的“再次感谢”比第一个人的要显得真诚，因此获得的掌声较热烈。反响最强烈、给听众印象最深的还是第三个人的结尾，他字字含真情，句句发肺腑。所以在他下场之后，人们还在为他鼓掌。

> 结尾是演讲内容的自然结束。言简意赅、余音绕梁的结尾能够震撼听众，促使听众不断地思考和回味。它没有固定的格式，可以是对演讲要点进行简明扼要的小结，也可以是号召性、激励性的口号，还可以是名人名言或幽默的话。结尾的重要原则是：一定要给听众留下深刻的印象。

【脱稿范例】

马丁·路德·金：我有一个梦想（节选）

今天，我高兴地同大家一起参加这次将成为我国历史上为争取自由而举行的最伟大的示威活动。100 年前，一位伟大的美国人签署了解放黑奴宣言，今天我们就是在他的雕像前集会。这一庄严宣言犹如灯塔的光芒，给千百万在那摧残生命的不义之火中饱受煎熬的黑奴带来了希望。它之到来犹如欢乐的黎明，结束了束缚黑人的漫漫长夜。

然而 100 年后的今天，我们必须正视黑人还没有得到自由这一悲惨的事实。100 年后的今天，在种族隔离的镣铐和种族歧视的枷锁下，黑人的生活备受压榨。100 年后的今天，黑人仍生活在物质充裕的海洋中一个穷困的孤岛上。100 年后的今天，黑人仍然蜷缩在美国社会的角落里，并且意识到自己是故土家园中的流亡者。今天我们在这里集会，就是要把这种骇人听闻的情况公诸于世。

……

今天，我有一个梦想。我梦想有一天，亚拉巴马州能够有所转变，尽管该州州长现在仍然满口异议，反对联邦法令，但有朝一日，那里的黑人男孩和女孩将能与白人男孩和女孩情同骨肉，携手并进。

今天，我有一个梦想。

我梦想有一天，幽谷上升，高山下降；坎坷曲折之路成坦途，圣光披露，满照人间。

这就是我们的希望。我怀着这种信念回到南方。有了这个信念，我们将能从绝望之岭劈出一块希望之石。有了这个信念，我们将能把这个国家刺耳的争吵声，改变成为一支洋溢手足之情的优美交响曲。

……

当我们让自由之声响起，让自由之声从每一个大小村庄、每一个州和每一个城市响起来时，我们将能够加速这一天的到来，那时，上帝的所有儿女，黑人和白人，犹太教徒和非犹太教徒，耶稣教徒和天主教徒，都将手携手，合唱一首古老的黑人歌曲："自由啦！自由啦！感谢全能的上帝，我们终于自由啦！"

03
第三章
脱稿讲话注意
抑扬顿挫

脱稿讲话时要注意吐字清楚，音量音高适中。语言要清晰规范，表达流利自如，词汇丰富，字句多样。有时音调放低，以表现出权威感；当要加强某个观点或态度时，语势可以较为急促，音量提高，使听者注意力集中；在表达悲痛或强调沉重心情时，可以用较为缓慢的语速，注意重音和适当停顿等。

不做“蚊子”，也不当“大炮”

生活中我们都有过这样的体会：有人讲话小心翼翼，声音如苍蝇一般，只听到嗡嗡，听不出句子；相反，有的人讲话声如洪钟，越在嘈杂的地方，说话越大声，结果声嘶力竭，自己嗓子累得要命，听者却是一脸茫然。

其实这两种讲话方式都是不可取的。说话要讲究发声，即音高、音势、音长和音质。“音高”是指声音的高低；“音势”是讲音量的强弱；“音长”是说声音的长短；“音质”是指声音的品质（也就是“音色”）。

声音可以塑造，知名播音员的声音都特别有共鸣、有磁性，这些不都是来自天生，很多来自于后天练习。

如果你参加过合唱团（尤其是业余的）就会知道，团里分成女高音、女中音、男高音、男低音。但是往往其中一个声部的人不够，指挥就在一个个试音的时候对其中几位说：“没错！你可以唱高音，但是中音的人太少了，拜托拜托！你就唱中音吧。”至于男团员，如果声音不高不低，低音部又缺人，指挥也可能让几个人把声音放低沉一点，成为低音。

还有，你看那些参加模仿秀的人，原来是中性声音，一下子把声音压扁，一下子把声音放低，又一下子拉高拉长。

所以，如果你觉得自己的声音不够好，你可以练！首先，你可以试着把同一句话，譬如“风调雨顺”，用不一样的声音说一遍。先沉下来，用低音，再一次一次渐渐拉高。你也可以先用粗浊的音色说，再改成尖细的调子。于是，你找出了自己的“音域”，也就是“你有多大发挥的空间和多大的可塑性”。

单田芳，著名评书表演艺术家，单老先生评书的最大特点是他的说话方式，而单老先生说话的最大特点便是非常有画面感，让人如同身临其境。在听书的过程中，你会不知不觉地陶醉在故事当中，领略到更为丰富、通俗、真实、深刻的感受，把听单老的评书比作听觉盛宴一点都不过分。

据了解，单老先生评书的忠实听众在全国有一亿多，喜欢的人更是超过六亿。单老的评书能有这么大的魅力，这不仅取决于他对评书艺术孜孜不倦的追求，也与他个性鲜明的说话方式有关。单老说话张弛有度，跌宕起伏，语言流畅，绘声绘色，活灵活现。音量的轻重、语速的缓急更加适合老百姓的“消化与吸收能力”。

另外，单老说话还有一个让人非常喜欢的“调味”——幽默风趣。这些说话方式将单老精湛的评书以最佳的方式展现出来，这样的评书还有谁不会喜欢呢？

常言道：“一句话能把人说笑，一句话能把人说跳。”人言可畏，有时舌头底下可以压死人，不同的音色说出来的话给人的感觉是不一样的。从很大程度上讲，事情的成败就看你的说话音色是否受欢迎。

俗话说：“锣鼓听音，说话听声。”声音的高低快慢要符合或适应事情的内涵，要学会运用不同的音色来传情达意。意大利的著名影星罗西在这方面就非常擅长。

有一次，一些外宾要求罗西表演一段悲剧。罗西便用意大利语表演起来，在场的客人虽然听不懂，但听得罗西音色时而悲伤时而痛苦，许多客人被他感动得流下了眼泪。这时，一位意大利人捂着脸走出宴会厅，在走廊里放声大笑。原来，罗西根本不是在演什么悲剧，而是在念宴会菜单。

由此可见，说话音色对于说服效果是多么重要。然而，很多人并不重视说话的音色，有时候说话的音色让别人很不喜欢，导致很多事情都不成功。

演讲时音色的起伏不仅能使演讲更生动，而且还能传达演讲者丰富的感情信息。如果演讲者的发言既错漏百出又拖泥带水，音色平淡无味，即使是再优秀的演讲词，演讲者本身也会显得无精打采，相信听众也难提得起精神，更容易让听众产生疲倦、厌烦的心理。

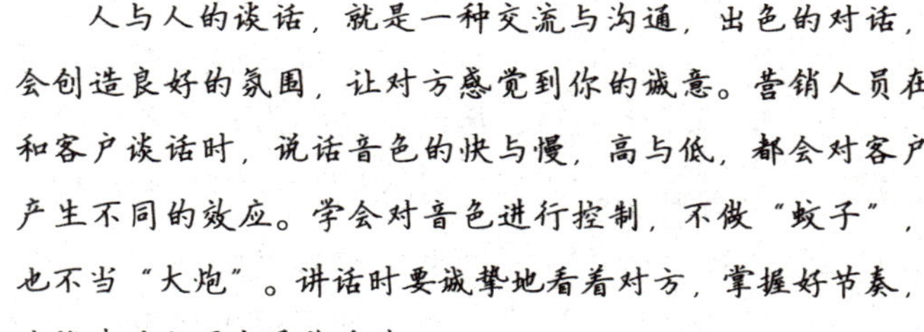

人与人的谈话，就是一种交流与沟通，出色的对话，会创造良好的氛围，让对方感觉到你的诚意。营销人员在和客户谈话时，说话音色的快与慢，高与低，都会对客户产生不同的效应。学会对音色进行控制，不做“蚊子”，也不当“大炮”。讲话时要诚挚地看着对方，掌握好节奏，才能使对方更容易接受你。

把准音色，悦耳最好

在日常生活中，一个人说话的音色不同，其意思就会不同。音色是说话的灵魂，就如同音乐里音调的高低，是音乐的生命一样，说话没有生动的音色，又怎能感染人呢？不同的音色可以表达不同的感情。因此，总的来说，把握音色的标准就是“悦耳”。

我们每个人的音域范围可塑性很大，有的高亢，有的低沉，有的单纯，有的浑厚。说话时，必须善于控制自己的音调。高声尖叫意味着紧张、惊恐或者兴奋、激动。有些人养成了他们自以为是的一种老板式的说话腔调，说话哼哼嗯嗯，拖腔拉调。他们还洋洋得意，认为这样才能体现出自己的威严及与众不同。但其结果可能适得其反，因为这种“官话”会使他人感到极不自然，从而产生一种本能的抵制情绪。

王晶晶是一家广告公司的资深业务经理，她最关心和留意客户的销售问题，并总是乐于帮助他人解决问题，但她的声音却让人听来讨厌，那尖叫的声音就像一个小女孩发出的叫声。有一次，她需要同事帮忙。本想自己平时帮助过他，他肯定也会帮助自己。但出乎她意料的是，她的同事拒绝了。私下，他的同事说，“我很想帮助她，但她的声音又尖又孩子气，让人感觉她说的话缺乏诚意，太自以为是了。”

显然，王晶晶就是因为自己说话的音色不合适而导致别人拒绝了她。相反，如果你说话声音低沉、有气无力，会让人感觉你缺乏热情、没有生机，或者让人感觉你根本不需要他人的帮助。

由此可见，说话音色对于说服效果是多么重要。然而，很多人并不重视音色，有时候说话的音色让人很不喜欢，导致很多事情都不成功。

生活中，我们可以发现，有一些人的音色像电钻、像小号，不容别人插话和反驳；有一些人的音色吞吞吐吐、拖泥带水，能把听者的耐心耗尽；有一些人的音色虚情假意、装模作样，让人反感；有一些人的音色扭扭捏捏、拿腔拿调，让人听了浑身不自在。

很多人并没有意识到自己的音色有问题，反而自我感觉良好，全然不顾听者的感受，或者他们认为音色和嗓音一样，都是天生的。

其实，说话的音色可以直接体现出一个人是否有素质。在公众场合跟别人聊天的时候，声音很大，一看就知道这个人是一个不注意小节的人。有的人对人说话很不礼貌，说话口气很硬，一听就是仗势欺人的人，人家没有做错什么，为什么要用那样的口气？大家都是人，没有必要对别人那样，这就是素质。想让别人帮你，你却不敢大声地对别人说，这样别人肯定是不会帮你的。

生活中，有很多人在说话时，其实是好心的，然而就因为音色过于生硬，反而让别人很反感，所以说话音色要柔和一点。但这并不是说，说话要像女人似的柔声柔气，这样更达不到目的。想要求人时，要用商量的语气，这样才能使对方感到你有求于他而且尊重他，他才肯帮忙。比如你的孩子患病住院了，你手头缺钱，只能向别人借，这时你就可以说："我的孩子病了，还缺住院费 500 元，不知你手头宽绰不宽绰？下月发工资我就还你。"用这种商量的口气，只要人家手里有钱，肯定会帮忙的。

说话时，声调要注意有高有低，乐曲中有快慢和强弱符号，要使你的话如同音乐一样动听，就要注意快慢高低；说话带口头禅，会扰乱节奏，显得杂乱无章。平时说话声音不能太响，在公共场合特别要注意文明，大声喧哗，只能使别人捂住耳朵。

说话的艺术并不是天生的，而是从现实中锻炼出来的。一分天才，九分努力，一个人如果没有良好的口才，是一件很可悲的事，就好像鸟儿没有羽翼。

想要有良好的口才，就必须做到把准音色，悦耳动听，为此，下面两点十分关键：

首先是正确的发音。对于每个字，都必须发音清楚。清楚的发音可以依赖平时的练习，注意别人的谈话、朗读书报、多听收音机广播，这些均对正确的发音有迅速的帮助。说话的时候，每句话要明白易懂，避免用生涩词汇。别以为说话时用语艰深，就是自己有学问、有魄力的表现。其实，这样说话不但会使人听不懂，而且会弄巧成拙，还会引起别人怀疑，以为你是在故弄玄虚。良好的谈话，应该是用大方、熟练的语句，而且有丰富的词汇，可以应付说话的需要，使内容多彩多姿，扣人心弦。

其次，妙用音色，感染听众。注意听听广播，看看电视剧中的演员们，甚至那些很有口才的政治家们，他们那种充满抑扬顿挫的音色和丰富的说话语感，无一不是能把声调、音量等各方面控制得很自如的人。由于他们高度的说话技巧，使我们很容易就能分辨出事情的是非曲直。反之，如果始终用相同的声调、速度，那么演说将会平凡而乏味。因此，对我们来说只要记住：把握音色，悦耳最好！

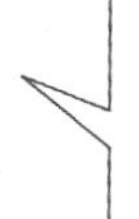

演讲是一门语言艺术，运用有声语言并追求言辞的表现力和声音的感染力；同时还要辅之以“演”，即运用面部表情、手势动作、身体姿态乃至一切可以理解的态势语言，使讲话“艺术化”起来，从而产生一种特殊的艺术魅力。

印象第一，交流第二

当一个人拿着讲稿走上讲台时，听众的第一反应会是什么呢？仔细琢磨一下就会发现，“这个人讲话很无聊”“这个人没水平”之类的贬性意见会占很大的比例。有了这样的第一印象，听众就很难对讲话的内容提起兴趣，自然也就不会对讲话者做出积极的反馈，双方之间的交流效果也会受到很大影响。

听众会产生不好的第一印象，这并不奇怪。因为很多拿着讲稿的讲话者，走上讲台之后只会低头念稿，完全沉浸在自己的世界里，根本就不注意听众的反应，也不与听众进行思想交流。面对一个只会念稿的“机器人”，谁又有听讲的心情呢？

要知道，讲话的主要目的便是交流。通过语言的交流，人们可以共享资源，可以传递信息。如果只是讲话者在前面讲，而听众没有任何的回应和反馈，那讲话的意义必然大打折扣。为了与听众更好地沟通，得到更好的交流效果，讲话者完全可以试着将讲稿扔掉，进行一场热情澎湃的脱稿讲话。

一场足球决赛开始之前，主教练对球员进行了一次讲话：

伙计们，我们马上就要走上球场，为了冠军的荣誉和对手尽力一搏，你们想不想赢？（球员们答：“想赢！”）

从小组赛开始，我们就不被看好，但是我们一场一场地拼了下来。八分之一决赛，四分之一决赛，半决赛，我们始终不被看好，可是我们用场上的表现证明了自己的实力。如今，决赛在即，依然有很多人认为我们能进决赛是因为运气好，在决赛中会被对手狂踩。

这种说法让我很不服气，你们觉得呢？（球员们答：“不服！”）

我觉得我们是有实力的，我们能够战胜任何一个对手。只要我们有足够的勇气、足够的信心，就一定能获得最终的胜利！（稍稍停顿了一下）我们的对手确实很强大，但是他们也不是无懈可击，他们的战术和需要关注的球员，我已经在准备会上讲过了。希望大家提高警惕，以最好的精神面貌和战术素养来迎接这场比赛。大家有没有信心？（球员们答：“有！”）有没有信心？大声回答我！（球员们答：“有！”）

好了，让我们走上球场，用实际行动向那些看低我们的人证明：我们配得上这个冠军！最后的冠军一定是属于我们的！加油！（球员们一起高喊：“加油！”）

在这段简短的讲话中，主教练通过提问来带动并激发球员的情绪，让所有人都激情澎湃，更好地团结起来。面对强大的对手和不被看好的局面，首先要有必胜的信念和强大的自信心作为支撑，这样才能更好地发挥水平，争取最好的结果。从整体来看，虽然主教练和球员们的交流非常简单，但是已经很好地达到了讲话的目的。试想一下，如果主教练手中拿着讲稿，对着球员们进行长篇大论的演讲，效果能有这么好吗？

脱稿演讲和念稿演讲相比，为什么说脱稿演讲效果好呢？我仔细想了想，从讲话的角度分析，有眼、脑、框、手四方面的理由。

第一，眼。

读稿，眼睛要一直看着文稿，无法和观众进行视觉交流；脱稿演讲，眼睛不用看稿，能够一直面对观众。眼睛看观众有三个好处：一是可以让眼睛说话，眉飞色舞，表达自己的喜怒哀乐；二是可以和观众进行眼神交流，传达自己对他们的关注和善意；三是可以观察观众的反应，及时调整自己的思路和语言。

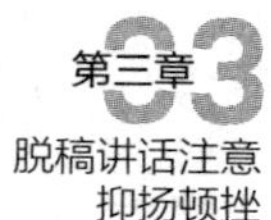

第二，脑。

心无二用，说的是人在一个时空点上脑子里只能想一件事。读稿时，因为要高度紧张地看文字，念字发声，害怕出错，就不容易出现形象生动的画面，所以说出来的语言就容易平淡，不生动。脱稿演讲时，脑子在组织语言时有生动形象的画面出现，有画面，就会触景生情，语言自然容易生动形象，抑扬顿挫。

第三，框。

写出文字稿，讲究结构严谨，语言准确，并且有字数限制，不能超时。一旦你要读稿时，文字稿就形成了一个框，框住了思维和语言。时间有限，你要严格按照文稿将全文读完，不能随便插进即兴语言，也不能随意停顿，才能保证不超时。而脱稿演讲时，有个大概提纲，在讲的时候可以临时调整思路和时间，还可以结合现场情况增减讲话内容。

第四，手。

读稿要用手拿稿子，就无法运用手势，没办法做出丰富有力的肢体动作。脱稿演讲则可以解放双手，手舞足蹈。演讲时有个二八规则，就是说视觉效果占八，听觉效果占二。眼不能看观众，手不能做动作，80%的效果就没了。

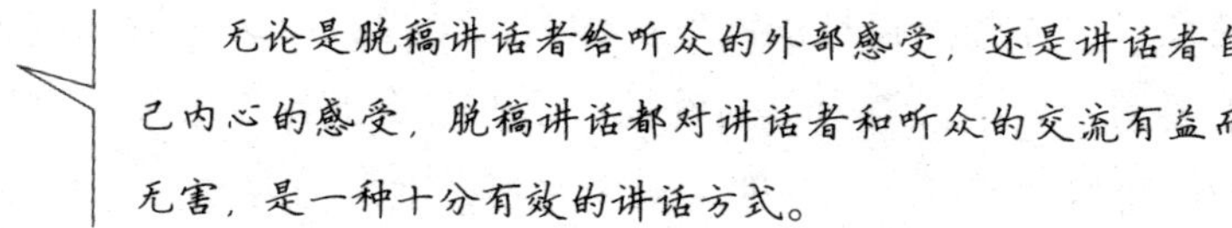
无论是脱稿讲话者给听众的外部感受，还是讲话者自己内心的感受，脱稿讲话都对讲话者和听众的交流有益而无害，是一种十分有效的讲话方式。

节奏有缓急，语速有快慢

脱稿讲话的内容、目的、形式、场合，决定了讲话的即时性。具体表现在口语表达方面，则是选词用语的灵活、恰切，尤其是节奏、语速的正常使用，让语言中肯有力，语调和谐自然。

一般来说，脱稿讲话开始后，可根据内容以及自己的特性来确定语速。语速不是天生的，可以通过后天的刻意训练来改变。一般来说，语速不要太快，因为这样会给人一种紧张的感觉，也不要太慢，太慢显得迟钝沉闷，能找到自己说起来比较舒服，同时也适中的语速是最好的。

除了语速，讲话的节奏也是关系讲话成败的一个重要因素。讲话中也需要标点符号，适当的停顿不仅会显得张弛有度，同时能给听众提供一个理解回味的时间，集中他们的注意力。另外，掌握节奏的快慢有助于控制讲话的时间，同时也是传递感情的一种方式。

20世纪的口才大师丘吉尔在自己的口才学论文中，曾认真地分析和论证了口才的语言技能问题。他得出结论：口头表达艺术主要有四大要素，其中占第一位的就是口语的节奏。丘吉尔是深谙口才之道的，他将“节奏”列在四大要素之首，就是因为他切身体会到：口语节奏强烈，具有深刻和丰富的表现力。

在讲话过程中，节奏的缓急、语速的快慢能表现出不同讲话者的不同风格，而且这也关系到讲话效果，通常来说，一分钟三百字左右，这样的语速听众听着会比较舒服。但是我们在讲话时，不可能只以讲话速度的快慢来对整个主题进行判断，而是要把讲话语速和讲话内容、讲话者个人风格和讲话整体风格联系在一起，要是这些都比较和谐一致，那这个讲话速度才是适合的。

在演讲中，常常出现以下三种现象：第一种是演讲的节奏过于紧促，整个演讲显得慌张。这种现象大多出自不经常演讲的人，其主要原因就是不能恰当地控制口语表达的停顿、语速和节奏。第二种是口语表达的语言轻浮，乱用语气词，口头语过多，不是“哼”，就是“嘛”“啊”。有人曾对某位演讲者的这种毛病做过统计，他竟然在10分钟演讲之内，说出150多个“啊”字，平均每4秒钟一个，这样一来就破坏了语言的一般规范，肢解了语句的意义，必然会使演讲失去口语表达的郑重性。第三种是不能正确运用语调，语调没有起伏变化，平淡而无声色，甚至故作姿态，耍花腔，怪声怪调。这三种不良现象，都会影响演讲者的形象。

那么，怎样才能做到停顿适当、语速快慢有致、节奏分明、语气中肯有力呢？

演讲的节奏是根据思想感情的起伏急缓、结构的松散疏密、语音的轻重顿连、语速的快慢徐疾、语调的抑扬顿挫、表演的动静行止等，有节拍、有规律地表现出来的。

语速是演讲节奏的主要因素，是表现内容的重要手法。一般来说，内容重要之处，中心句、段，语速要慢，而非重要的内容部分，则语速较快。表现急速行动、强烈鼓励、激烈争辩、紧急命令等情境，或欢乐、兴奋、惊惧、急切、激昂的感情，语速较快；而表现忧郁、沮丧、悲痛、失望、犹豫、沉静、闲适的心情，语速较缓。

语速与演讲的基调和环境气氛也相关。明朗、欢快的基调，紧张、热烈的气氛，语速稍快；沉痛、抑郁的基调，幽静、庄重的环境，语速平稳。

演讲的语速要急缓有致，一张一弛，参差错落，做到“快而不乱，慢而不拖”，以声传情。不要用那种活像“抽风病”似的“连珠炮”演讲语速，也不要用那种“懒汉呻吟”式的“马拉松”演讲语速。

节奏和语速紧密相关。语速急快，呈现快节奏；语速徐缓，呈现平缓型节奏。此外，节奏还和其他多种因素有关，要把握好节奏，需综合地调控。

作为演讲者，要注意不同场合、不同演讲内容，采用不同的节奏。一般欢迎词、宴会祝词、贺词、友好访问演讲等，适用于选择“轻快型”节奏。这种节奏如轻音乐，轻松、欢快、活泼；理论报告、工作报告、大会发言开幕词、声明等，宜采用“持重型”节奏，表现出庄重、镇定、沉稳、凝重的格调和色彩；学术演讲、座谈讨论、答记者问、竞选演讲等，较适合用“平缓型”节奏，显示出平稳、自如、张弛有致的特点和演讲者从容、潇洒的良好形象。

演讲的节奏和语速应根据演讲的主题和场合来确定。在演讲时，不要废话连篇，言之无物，更不要没有一点激情；要语言精练，富有激情，尤其是要注意演讲的用词，牢记“节奏有缓急，语速有快慢”的基本要领。

气场靠“养”也靠“攒”

演讲气场是演讲内容和表达形式相结合而显露出来的一种气度和神韵。它使演讲体现出夺人耳目的浩荡气场和磁性力量，以此去打动听众，震撼听众的心灵，使其对演讲者所阐述的道理，认识上坚信不疑，行动上坚持不懈。

这种气场靠“养”也靠“攒”，它来源于演讲者对真理的把握和对自己的自信心，理足而气壮，情真而意切，德深而技精。

养成自信

古人云：“话须通达方传远，语必关风始动人。”演讲家能够迷倒观众，良好口才让人钦佩，不仅仅因为他们具有良好的表达能力以及掌握演讲的方法和技巧，更重要的是他们都拥有强大的气场。

2017 年刚入职的口才训练班员工周建华有这样的亲身经历：

在一个漆黑的夜晚，当周建华与同事们走在回家的路上时，突然在前方距离他们 50 米的地方出现了一条大狼狗，站在路的中央，疯狂地冲他们吼叫。这时候，周建华的内心充满了紧张感，大脑的神经已经紧绷，脑海中不断地想象着接下来可能出现的各种画面。面对来势汹汹的大狼狗，他们每个人都被吓得哆嗦，甚至缩着脖子，手挽着手靠在一起，站在路的中央不敢动弹。

这时，其中一个同事做出了这样的决定，让大家都挺直腰板不要做出害怕的样子，用手机的光照在狼狗的身上，然后一步步地往狼狗身边靠近。不料，狼狗这时反而不再喊叫，掉头跑走了。

这个经历说明，当我们处于紧急甚至危急的状况时，克服这种心理与状况的最好方式就是强大的气场。演讲也一样，很多人演讲时都会因为紧张把准备好的说辞忘得一干二净，也有很多人会因为紧张而面红耳赤、声音颤抖。所以，要想成功地演讲就要养成自信的习惯，这种自信便来自于人的气场。

当你在演讲的过程中处于非常紧张的状态时，就要告诉自己“我的演讲会让大家喜欢”“我的演讲会成功”，这样的目标与信号会增强你的气场，让你不会因为紧张而面红耳赤，让观众不会从外表上判断出你的紧张与不自信。因此，增强演讲气场的第一个方法就是，不断给自己可以成功的信号，通过心理暗示增强自身的外在气场。

情真意切

情感是艺术的灵魂，也是演讲气场的源泉。没有演讲者真挚情感的流动、跳跃和燃烧，演讲气场就无从谈起。演讲者只有用血、用泪、用自己的生命激情去呼喊、去敲击，才能叩开听众的心扉，产生征服人心、震撼灵魂的演讲效果。

所谓情真，就是真挚感情的抒发，不言词虚浮，不矫揉造作，保持说话人的自然本色，使人听后感到自然，乐于接受。

意切，就是演讲的气场必须符合演讲的主题、听众和时境情况，也就是演讲的气场要切旨、切己、切近听众、切近生活。演讲时，演讲者总是以一定的身份，在特定的环境里，面对特定的听众表达自己的一定观点和思想感情。为了取得理想的效果，演讲者必须考虑演讲气场是否有利于升华演讲的主题，能否与自己和听众的实际情况及演讲环境相符。

攒出风采

在演讲的时候，站姿、眼神、面部表情等，这些都是身体语言。如何通过身体语言增强你的气场，让人感到你的亲和力所在？

首先，舒展你的身体，尤其是肩部，挺直腰板，抬头挺胸地面对你的观众；其次，用眼神与观众进行交流，不要盯着每个人的眼睛看，尽量将目光停留在人的鼻头到两眼之间那一部分。很多人演讲的时候，走上台的前两分钟会挺胸抬头面对观众，当进入意想不到的紧张状态的时候，往往就会因为内在心理的作用而低头缩腰。这时候，你的气场就会大大降低，会让听众因此而不再喜欢听你的演讲内容，亲和力也会慢慢向零靠近。所以，增强演讲气场的第二个方法就是，用你的风采告诉别人你内心强大的气场。

攒足人气

在演讲中，我们追求的不仅仅是我们传达的信息，更重要的是，我们能通过演讲让别人对我们钦佩和认可。要想折服他人，就要用气场来说服观众，这样才能形成影响力和感染力。当这种影响力和感染力播洒在观众心中的时候，你的演讲才算是成功而有价值的，才能够获得更多的自我成就感。人气是演讲获得成功的前提，也是有效获得成功的衡量指标。所以，打造高端的人气，要从修炼气场开始；练就高水平的演讲水平，更要从修炼气场开始。

当然，演讲的气场表达必须服从演讲的整体需要，气场的真情表露，并不是一味语调高昂，张扬声威。在气场表达上应掌握好分寸，牢记“表现主题”这个宗旨，把好感情的“阀门”，注意控制感情的“流量”。切不可为气场而气场，不加节制，使演讲气场表现为“过分”状态，引起听众的逆反心理，进而损伤演讲的效果。

演讲是演讲者内心世界的表露和人格的再现。演讲的气场是演讲者思想、品格、文化、情感、艺术的综合反映。要充分发挥演讲的气场效应，演讲者就必须加强各方面的修养和磨炼。

【脱稿范例】

丘吉尔：我们将战斗到底（节选）

这次战役尽管我们失利，但我们决不投降，决不屈服，我们将战斗到底。

我们必须非常慎重，不要把这次援救说成是胜利。战争不是靠撤退赢得的。但是，在这次援救中却蕴藏着胜利，这一点应当注意到。这个胜利是空军获得的。归来的许许多多士兵未曾见到过我们空军的行动，他们看到的只是逃脱我们空军掩护性攻击的敌人轰炸机。他们低估了我们空军的成就。关于这件事，其理由就在这里。我一定要把这件事告诉你们。

这是英国和德国空军实力的一次重大考验。德国空军的目的是要使我们从海滩撤退成为不可能，并且要击沉所有聚集在那里的数以千计的船只。除此之外，你们能想象出他们还有更大的目的吗？除此而外，从整个战争的目的来说，还有什么更大的军事重要性和军事意义呢？他们曾全力以赴，但他们终于被击退了；他们在执行他们的任务中遭到挫败。我们把陆军撤退了，他们付出的代价，四倍于他们给我们造成的损失……已经证明，我们所有的各种类型的飞机和我们所有的飞行人员比他们现在面临的敌人都要好。

……

有人对我说，希特勒先生有一个入侵英伦三岛的计划，过去也时常有人这么盘算过。当拿破仑带着他的平底船和他的大军在罗涅驻扎一年之后，有人对他说："英国那边有厉害的杂草。"自从英国远征军归来后，这种杂草当然就更多了。

我们目前在英国本土拥有的兵力比我们在这次大战中或上次大战中任何时候的兵力不知道要强大多少倍，这一事实当然对抵抗入侵本土防御问题起到有利作用。但不能这样继续下去。我们不能满足于打防御战，我们对我们的盟国负有义务，我们必须再重新组织在英勇的总司令戈特勋爵指挥下的英国远征军。这一切都在进行中，但是在这段时间内，我们必须使我们本土上的防御达到这样一种高度的组织水平，即只需要极少数的人便可以有效地保障安全，同时又可发挥攻势活动最大的潜力。我们现在正进行这方面的部署。

这次战役尽管我们失利，但我们决不投降，决不屈服，我们将战斗到底，我们将在法国战斗，我们将在海洋上战斗，我们将充满信心地在空中战斗！我们将不惜任何代价保卫本土，我们将在海滩上战斗！在敌人登陆地点作战！在田野和街头作战！在山区作战！我们任何时候都不会投降。即使我们这个岛屿或这个岛屿的大部分被敌人占领，并陷于饥饿之中，我们有英国舰队武装和保护的海外帝国也将继续战斗。

……

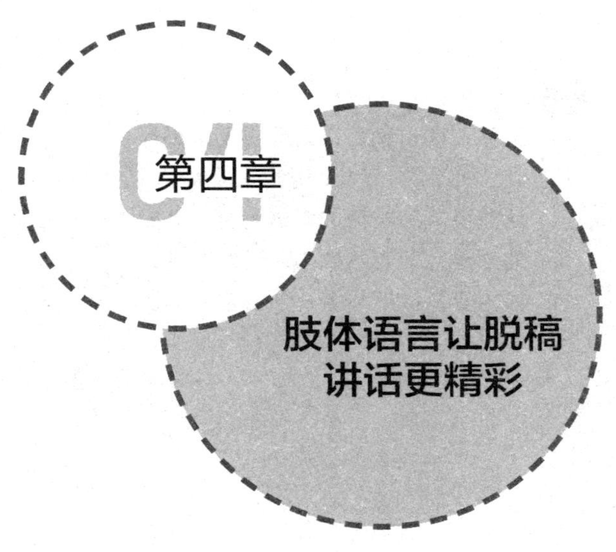
04
第四章
肢体语言让脱稿
讲话更精彩

肢体语言是脱稿讲话的重要组成部分。如站姿、手势、耸肩、皱眉等。这些姿态和表情的有机配合，既能加强语言的表达效果，还能丰富讲话内容，拉近与听众的心理距离，争取听众的信任。

站定体姿再开口

演讲者如果在演讲的过程中给人一种落落大方、气度非凡的感觉，相信一上场就一定会得到很多听众的认可，这就是人们经常说的演讲中的体姿。体姿一般都是通过一个人的举止姿态表现出来的，所以我们为了让自己的演讲更加精彩，站定体姿再开口就成为脱稿讲话成败的决定因素。

马云，阿里巴巴集团的董事局主席、TNC(大自然保护协会)中国理事会主席。其演讲给人印象最深就是，从来都是站定体姿，侃侃而谈，时而踱步，时而远眺，充满自信和幽默。

体姿是肢体语言的一个重要组成部分，且与人的相貌有着同等的重要性，对一个人整体形象的塑造有着很重要的作用。不同的是，外表相貌是天生的，而体姿则可以通过后天的训练达到尽可能理想的状态。

演讲一般是站着进行的，站立是人们生活、工作及交往中最基本的举止之一。正确的站姿是站得端正、稳重、自然、亲切。上身正直，头正目平，面带微笑，微收下颌，肩平胸挺，直腰收腹，两臂自然下垂，两腿相靠直立，两腿靠拢，脚尖呈“V”字形。女性两脚可并拢，肌肉略有收缩感。如果站立过久，可以将左脚或右脚交替后撤一步，但上身仍须挺直。

一些非赛事演讲，如政治演讲、学术演讲、法律演讲、集会演讲、广播电视演讲则往往采用坐式进行。

日常讲话中，从一个人的站姿就可以看出一个人的状态。如有的人站立时喜欢用一条腿做支撑，有的人站立时喜欢倚靠在什么东西上，还有的人站立时全身不够端正、双脚叉开过大、双脚随意乱动等。这些站姿都不是可以在正式场合运用的站姿，都会被看作是不雅或失礼。站着演讲有很多好处：

1.可以保证共鸣腔的畅通，有利于发声。再者，有利于动作姿态的表达，服饰打扮的展现。

2.朝气蓬勃，精神焕发，表现出对演讲的极大热情，对听众的高度负责，会得到听众的喜爱。

3.可以迫使演讲精短些，因为时间太长了，站着会不舒服。

演讲站姿有以下几种。

自然式，两脚自然分开，平行相距与肩同宽，约 20 厘米为宜。

前进式，是演讲者用得最多、使用最灵活的一种站姿。右脚在前，左脚在后，前脚脚尖指向正前方或稍向外侧斜，两脚延长线的夹角在 45° 左右，脚跟距离在 15 厘米左右。

这种姿势重心没有固定，可以随着上身前倾与后移的变化而分别定在前脚跟与后脚上，不会因时间长、身体无变化而不美观。另外，前进式能使手势动作灵活多变。由于上身可前可后，可左可右，还可转动，这样能保证手做出不同的姿势，表达出不同的感情。

稍息式，一脚自然站立，另一只脚向前迈出半步，两脚跟相距 12 厘米左右，两脚之间形成 75° 夹角。运用这种姿势，形象比较单一，重心总是落在后脚上，一般适应长时间站着演讲中的短期更换姿势，使身体在短时间里松弛，得到休息。这种姿势一般不长时间单独使用，因为它给人一种不严肃之感。

此外还有行走式，行走式就是通过行走的步态传递信息的语言。与站姿所不同的是，行走式是动态的。

不管你采用哪种站姿演讲，最重要的还是给人一种自然得体、落落大方的感觉好，让你的自信为你的演讲开启一扇门，让你的演讲通过它可以更加精彩。

> 演讲时的姿势会带给听众某种印象，例如堂堂正正的印象或者畏畏缩缩的印象。虽然个人的性格与平日的习惯对此影响颇巨，不过一般而言，仍有方便演讲的姿势，即所谓“轻松的姿势”。要让身体放松，反过来说就是不要过度紧张。过度的紧张不但会表现出笨拙僵硬的姿势，而且对舌头的动作也会造成不良的影响。

别让表情“出卖”你的心

面部表情，是指人们在社会交往中，由于外部环境和内心机制的双重作用，而引起面部的颜色、光泽、肌肉的收缩与舒展，以及纹路的变化，从而实现表情达意，感染他人的一种信息传递手段。它以最灵敏的特点，把具有各种复杂变化的内心世界，如高兴、悲哀、痛苦、畏惧、愤怒、失望、焦虑、烦恼、疑惑、不满等思想感情充分表现出来。

有人曾问古希腊最伟大的演说家德摩斯梯尼：“对于一个演讲家，最重要的才能是什么？”德摩斯梯尼回答：“表情。”又问：“其次呢？”“表情。”“再其次呢？”“还是表情。”

由此可见表情在演讲中的重要作用。人的面部表情，是人的思想感情在外貌上的显示，是人的思想感情最灵敏、最复杂、最准确、最微妙的“晴雨表”。一般地说，喜则眉飞色舞，怒则切齿瞪眼，哀则蹙额锁眉，乐则笑逐颜开。

有句老话叫“只可意会，不可言传”，面部表情丰富多变，可以说是另一种深刻、直观的表达方式，甚至比语言、手势等更能入木三分。面部表情由丰富、敏感的面部肌肉以及眼神、眉毛、嘴唇组成，这些组成部分的每一个细微变化都无不在表达演讲者的思想和内心变化。如：忧虑、期待、疑惑、满意、敬佩，等等。

我们分项来说各个面部组成部分所表达的寓意。

眼睛——“眼睛是心灵的窗户”，它包含以下内容。

正视：表现庄重、诚恳。

俯视：表示关心或忧伤。

仰视：表示崇敬或傲慢。

点视：表示具有针对性和示意性。

斜视：表现轻蔑、不屑。

环视：表示交流或号召。

凝视：表示专注或深情。

虚视：可以消除紧张心理。

眉毛——双眉往上扬，表示喜悦、亲切、肯定、满意、赞扬；双眉微蹙，表示疑问、忧虑、悲伤。

嘴唇——嘴角微上翘，可以展现出微笑的面容，这也是演讲中运用比较多的表情，无论是上台还是退场都需要演讲者向观众报以微笑，通过微笑还可以表达出喜悦、亲切、肯定、满意、赞扬的态度。

达尔文在《人类与动物的表情》一书中指出："现代人类的表情动作是人类祖先遗传下来的，因而人类的原始表情具有全人类性。"

在当今的社交活动中，这种全人类的表情成为交际过程中的重要手段之一，它以最灵敏的特点和共性，把具有各种复杂变化的内心世界表现出来。如高兴、悲哀、痛苦、畏惧、愤怒、失望、忧虑、烦恼、疑惑、不满、得意等等思想感情，都可以由面部表情充分地反映出来。"喜怒哀乐形于色"就是这个意思，这个"色"就是由面部表情和眼神来表现的。

可以说，脱稿讲话的锐利"武器"是表情，好的表情运用能为讲话增添色彩。很多人之所以忽视这个"武器"，除了自身习惯养成和训练的缺失外，最重要的一点在于紧张。

克服紧张的最好办法就是勇敢地去面对紧张！就像一位心理学专家指出的那样："我们害怕的其实并不是事物的本身，而是我们自己！”可见，要克服社交紧张心理，首先就要注意调整好自己的心态，树立一些良好的观念。

直面“惨淡”的场面

有紧张现象的人，在社交场合下，往往会表现出逃避心理，害怕自己会出丑而不去面对。结果自己觉得面对的是“惨淡”的场景从而逃避。其实，这都是自寻烦恼，逃避也不能消除紧张，相反，它会使你感到自己的懦弱，让你责备自己，以致下一次会更加紧张。而且，我们不可能逃避一辈子，任何人生活在这个社会上，都必须与人交往，早晚有一天，我们都必须去面对。

不要在意身体反应

紧张总是伴随着一系列的生理上的不适，根据“强化理论”，如果紧张时我们太注意自己身体某些部位的紧张反应，就相当于是在强化自己的紧张行为，使其一步一步地加重。而当我们不去管自己的紧张反应后，由于紧张得不到注意和强化，紧张反应就会随着时间的推移而逐渐消退。

别太苛刻自己

过于追求完美，对自己要求过高，就容易患得患失，太在意别人对自己的看法，一心想要得到别人的承认，上台就会紧张不自然。接受自己的现状，不要去管别人怎么看，你越害怕出错，就越会感到表情木讷，手足无措。

演讲时的脸部表情无论好坏都会带给听众极其深刻的印象。紧张、疲劳、喜悦、焦虑等情绪无不清楚地表露在脸上，这是很难由本人的意志来加以控制的。演讲的内容即使再精彩，如果表情缺乏自信，老是畏畏缩缩，演讲就很容易变得欠缺说服力。

手势应该这样用

脱稿讲话最典型的特征就是肢体、语言不受限制，尤其是手势动作。只要将它与口语表达配合密切，就能呈现出另一番生动景象。演讲中，自然而安稳的手势，可以帮助演讲者平静地说明问题；急剧而有力的手势，可以帮助演讲者升华感情；稳妥而含蓄的手势，可以帮助演讲者表明心迹。

当然，演讲者的手势必须随演讲的内容、自己的情感和现场气氛自然地流露出来。手势的部位、幅度、方向、力度也应与讲话者的有声语言、面部表情、身体姿态密切配合，协调一致，切不可生搬硬套，勉强去凑手势。如果手势泛滥，刻意表演，会使人感到眼花缭乱，显得演讲者轻佻作态，哗众取宠。当然，也不可完全不用手势，那样会显得局促不安，失去活力。

总的来说，演讲的手势大体可以分为以下四种。

一是指示手势。这种手势是用来指示具体真实形象，又可分为实指和虚指两大类。实指是指演讲者手势确指在场的人、事或方向，且均在听众的视线内。如“我”或“你们”，“这边”或“上面”，“这些”或“这一个”等。虚指是指演讲者和听众不能看到的。比如“在很久很久以前”“在遥远的地方”。常用虚指可伴“他的”“那时”“后面”等词。指示手势比较明了，不带感情色彩，比较容易做。

二是抒情手势。此手势在演讲中运用频率最多。比如：兴奋时拍手称快；恼怒时挥舞拳头；急躁时双手相搓；果断时猛力砍下。抒情手势是一种抽象感情很强的手势。

三是模拟手势。用手势描述形状物，其特点是“求神似，不求形似”。比如用双手合抱，把桃子虚拟成一个大球形，表达出人们的真情实意。模拟手势信息含量大，升华了感情，有一定的夸张色彩。

四是习惯手势。任何一位演讲者都有一些只有他自己才有而别人没有的习惯性手势，且手势的含义不明确不固定，随着演讲内容的不同而体现不同的含义。

那么，究竟应该如何恰当地使用手势呢？

第一，在运用手势的过程中一定要自然、协调。做手势就像猫捉老鼠一样自然，猫看到老鼠时，不会想姿势应该怎么摆，而是一下就扑上去，这就是最好的动作。在一个演讲比赛上，一位选手讲完“我们一定会取得圆满成功”这最后一句话时，忽然想起老师说过最后加上一个动作效果会更好，马上刻意地补上一个手势，结果就显得有点做作。所以不要为做手势而做手势。初学者刚开始可以多学学别人比较优美潇洒的手势，模仿是最快的学习，慢慢地就会形成自己的风格。当然，刚开始做手势时，会显得不协调甚至有点别扭，这没关系，习惯就好了，所有的习惯都是从不习惯开始的。

第二，场面大，手势大；场面小，手势小。当会场大、人数多的时候，我们的手势就要做得大气，让听众都能看见。当会场小、人数少的时候，我们的手势做得要小一些，做得太大了，反而会让听众感觉有点张牙舞爪，和现场不协调。在这里还要分年龄，在对年龄大的人演讲时，手势要尽量小一些；在对年龄小的人演讲时，手势要尽量大一些。另外还有男女之分，对男士，手势可以大气一些；对女士，手势可以收敛一些。

第三，上中下三区的运用。上区，就是手势在肩以上，表示积极向上，一般用在号召、鼓动、赞美、表扬的时候。下区，就是手势在腰以下，表示消极的、不好的，一般用在批评指责的时候。中区，就是手势在肩与腰之间，表示一般的描述表达。一般演讲过程中，大部分手势都在中区。

第四，肩发力，表示力量；肘发力，表示亲切。

第五，自己的思维“仓库”里要存储3～5个手势。在运用手势的过程中，切忌一成不变就做一种手势，这样显得太单调、太呆板。

第六，手势应该停留足够长的时间。手势一做出去，马上就收回来，会使听众对你立刻失去信赖感。如歌星在现场唱歌时，他的手势会指着一群人好长时间才放下来，然后再去调动另外一群人的情绪。

“冰冻三尺，非一日之寒。”想要成就一次精彩的演讲，一方面要注重平日里的锻炼和学习，另一方面也要掌握一定的演讲技巧。

你真的会笑吗

《辞海》有云，笑是“因感喜悦而开怀”。自古以来，人们就有“千金难买一笑”“一笑解千愁”的说法。

清朗明丽的微笑充溢着一股春的气息，赏心悦目，会使人很自然地产生一种好感。尤其在演讲中微笑，可以展露性格的开朗与温和，可以建立融洽的气氛，消除听众的不良情绪，激发感情，缓解矛盾。相反，冷漠的脸庞，孤傲的性格，却令人无法靠近。人际交往如此，随时讲话也如此。

曾诚是一家小有名气的公司总裁，他虽然十分年轻，却几乎具备了成功男人应该具备的所有优点。他有明确的人生目标，有不断克服困难、超越自己和别人的毅力与信心；他大步流星、雷厉风行、办事干脆利索、从不拖沓；他的嗓音深沉圆润，讲话切中要害；而且他总是显得雄心勃勃，富于朝气。他对于生活的认真与投入是有口皆碑的，而且，他对于同事也很真诚，讲求公平对待，与他深交的人都为拥有这样一个好朋友而自豪。

但初次见到他的人却对他少有好感。这令熟知他的人大为吃惊。为什么呢？仔细观察后才发现，原来他几乎没有笑容。

他深沉严峻的脸上永远是炯炯有神的目光，紧闭的嘴唇和紧咬的牙关。即便在轻松的社交场合也是如此。他在舞池中优美的舞姿几乎令所有的女士动心，但却很少有人同他跳舞。公司的女员工见了他更是如见虎豹，男员工对他的支持与认同也不是很多。而事实上他只是缺少了一样东西，一样足以致命的东西——一副动人的、微笑的面孔。

微笑是一种宽容、一种接纳，它能缩短彼此间的距离，会使人与人之间心心相通。喜欢微笑着面对他人的人，往往更容易走入对方的心底。

来看一家小型电脑公司的经理所讲述的他如何为一个很难填补的缺额找到了一位适当人选的例子。

“我为了替公司找一个电脑博士几乎伤透脑筋，最后终于踏破铁鞋无觅处，得来全不费工夫地寻得一个非常好的人选，刚刚从名牌大学毕业。几次电话交谈后，我知道还有几家公司也希望他去，而且都比我的公司大，比我的公司有名。当他表示接受这份工作时，我真的是非常高兴也非常意外。他开始上班后，我问他，为什么放弃其他条件更好的公司而选择我们公司？他停了一下然后说：‘我想是因为其他公司的经理在电话里是冷冰冰的，商业味很重，那使我觉得好像只是另一次生意上的往来而已。但你的声音，听起来似乎你真的希望我能成为公司的一员。因为我似乎看到，电话的那一边，你正在微笑着与我交谈。你可以相信，我在听电话的时候也是笑着的’。”

的确，如果说行动比语言更具有力量，那么微笑就是无声的行动，它所表示的是：“我很满意你。你使我快乐。我很高兴见到你。”

可见，微笑是一种良性的面部表情，它不但是上天赋予人类的精神力量，有着愉悦心情、健康身体、延年益寿的功效，而且还是活跃演讲气氛，拉近说话者与听讲者距离，留下好的印象的不二法宝之一，可谓有百利而无一害。

微笑反映了一个人的内心世界，是自信的标志，礼貌的象征，涵养的外化，情感的体现。在演讲中可以象征性格开朗与温和，可以建立融洽气氛，消除听众的抵触情绪，还可以激发感情，缓解矛盾。

在现实生活中，对熟人朋友笑，容易；对陌生人笑，难。对上司笑，容易；对下属笑，难。有人说，现代人笑得越来越少了，越来越不会笑了，根本原因在于现代人的笑越来越功利。从心底涌出的无缘无故的、因喜悦而发出的笑，成了世所罕见的景致。而那些背离真情和善意的笑，说到底不过是一种皮和肉的机械运动，其意义和价值不过是在人们的脸上蒙上一张虚伪的面具！

不管是随时脱稿讲话，还是专门的演讲中，一定要面带微笑，而这种微笑必须是美好感情的自然流露。因为，真诚的微笑，不仅表明自己有教养、有信心，同时也表明对听众的友善与信赖。在态势语言中，笑是一种特别值得提倡的语言。这是一种特别有效的交流与交际工具。不管演讲者的心情如何、态度怎样、情绪好坏、有何倾向，只要他笑，不管他怎样笑，听众便立即可以读懂这种语言，并且受到感染。笑是愉快的，是获得友谊、取得信任、融洽关系、化解矛盾的重要手段。

那么，在演讲中，到底怎样才是“打开”微笑的正确方式呢？

面对听众提问时，送上一缕微笑是无声的赞美与鼓励。

上台与下台时应微笑。这样可拉近与听众的距离，把良好的形象留在听众心中。

肯定或否定听众的一些言行时，可以配合着点头或摇头，脸挂微笑。

面对喧闹的听众，演讲者可略停顿，同时脸挂微笑，是一种含蓄的批评与指责。

表达赞美、歌颂等感情色彩时应微笑。此时要博得别人笑，自己首先要笑。

有魅力的微笑是天生的，但依靠自身的努力也完全可以拥有。因此演员或空姐通过微笑练习，能练出迷人的微笑。

笑脸中最重要的是嘴型。因为根据嘴型如何动，嘴角朝哪个方向，微笑也不同。面部肌肉跟其他的肌肉一样，使用得越多，越可以形成正确的移动。下面是微笑练习的三个步骤，只要坚持，必有收获。

第一步：放松肌肉，给嘴唇肌肉增加弹性；

第二步：形成并保持微笑，直到觉得最满意、最灿烂为止；

第三步：修正偏差，保持灿烂。

微笑是走遍全球最优美的“世界语”。真诚的微笑，无论是其形式还是内涵，都是无须翻译的世界语，它能自由地从一个心灵流入另一个心灵。友善的人最佳的外在形式就是饱含善意的笑容。笑容能将快乐、友情和幸福互相传送。

眼光、视角训练“八法”

有研究表明，在人的各种感觉器官可获得的信息总量中，眼光、视角占80%以上。人内心的隐秘，胸中的奔突，总是自觉不自觉地在不断变幻的眼神中流露出来，它犹如一面聚焦镜，凝聚着一个人的神韵气质。

我们知道，参与脱稿讲话的听众往往素质参差不齐，心态也复杂多变，这使讲话现场难以预料，谁都可能碰到意外，如听众看报、走动、喧哗等，这很正常。但出现这种负面反应，说明交流中遇到障碍，如果任之发展或控制不好就会影响效果，甚至会导致失败。采取指责、呵斥的办法更是行不通的，因为这不仅不能消除听众的不良反应，反而会激化矛盾，加剧情绪的对立。这时，倘若选用眼神传递的控制信息，则是十分有效的方法。

在2017年春季的一场招聘会上，某大学刚毕业的大学生小曹参加了一家跨国公司的座谈会，会上要求做自我介绍。来自农村的小曹，刚说句“我姓曹，来自乡下”，不知谁小声说了声“乡下小草长进城了”。现场许多人笑了起来，小曹很镇定地说：“是的，我是来自乡下的小曹，我进城来是希望学习知识，成长为一棵参天大树，以便回乡服务乡亲，建设家乡。我愿在这里做一株小草，默默无闻，增长才干。”

讲这些话的时候，小曹目光充满自信，直视那名搅局者。见演讲者盯在那里，有些听众也转过去看那个人，使得他很不好意思地低下了头。

最后，鉴于小曹的临场表现，这家跨国公司顺利招收其进入公司工作。

一个成功的演讲者一定要了解千姿百态的眼光、视角。正视表示庄重，斜视表示轻蔑，仰视表示思索，俯视表示羞涩，逼视表示命令，瞪视表示敌意，不住地打量表示挑衅，低眉偷觑表示困窘，行注目礼表示尊敬，白眼表示反感，双目大睁表示吃惊，眨眼不停表示疑问，眯成一线表示高兴。

配合着眉毛的变化，眉目传情的意义更广泛。欢乐时眉开眼笑，忧愁时双眉紧锁，愤怒时横眉怒目，顺从时低眉顺眼，戏谑时挤眉弄眼，畅快时扬眉吐气等。

讲话中的眼光、视角最主要的是强调眼神的运用。一般来说，不同的眼神表示着不同的情感：目光明澈表示胸怀坦荡；目光狡黠表示心术不正；目光炯炯表示精神焕发；目光如豆表示心胸狭窄；目光执着表示志向高远；目光浮动表示轻薄浅陋；目光睿智表示聪明机敏；目光呆滞表示心事重重；目光坚毅表示自强自信；目光哀颓表示自暴自弃。

除此之外，故弄玄虚的眼神乃是高傲自大的反映；神秘莫测的眼神则是狡猾、奸诈的反映；似匣剑出鞘的灼灼逼人的目光是正派敏锐的写照；如蛇蝎蛰伏灰冷阴暗的目光是邪恶刁钻的写照。坦诚者目光像一泓清泉，悠然见底；英武者目光如电掣雷奔，波澜壮阔；典雅者目光似云雾初开，林鸟相逐；俊秀者目光如玉气藏虹，珠胎含月；妩媚者目光似春花始香，夏梅初笑；豪放者目光如风云波浪，海天苍苍……

眼神的表达丰富多彩。得体地运用“目光语”会令你的演讲增光添彩。

美国第40任总统里根出身演员，拥有高超的表演技巧，每次演讲他都能充分运用目光语。有时像聚光灯，把目光聚集到全场的某一点上；有时则像探照灯，目光扫遍全场。因此有人评价他的目光语是一台“征服一切的戏。”

不必多言，讲话中的眼光、视角是万万不可忽视的。但用好眼光、视角也并非容易，需要有一定的技巧和方法。具体来说，有下面八种方法。

1.环视法。有节奏或周期地把视线从听众的左方扫到右方，从右方扫到左方；或从前排扫到后排，从后排扫到前排。视线每走一步都是弧形，弧形又构成一个整体环形。这种方法要注意中间的过渡，由于视线的跨度大，难免有为视线而视线之嫌，演讲时要注意衔接。此种方法主要用于感情浓烈、场面较大的演讲。

2.前视法。就是演讲者视线平直向前而弧形流转，立足听众席的中心线，以此为中心弧形照顾两边，直到视线落到最后的听众头顶上，视线推进时不要匀速，要按语句有节奏进行，要顾及坐在偏僻角落的听众。

3.仰视法和俯视法。在演讲时，不要总是注视听众，可以根据内容运用仰视和俯视，如表现长者对后辈的爱护、怜悯与宽容时可视线向下；表示尊敬、撒娇或思索、回忆时可视线向上。

4.侧视法。用“Z”形或“S”形运用视线。此法在演讲中用得较多。

5.点视法。在很特殊的情感处理与听众的不良反应出现时，可大胆运用此法，此法很厉害，对制止听众中的骚动情绪有很大好处。

6.虚视法。即“眼中无听众，心中有听众”。这种方法在演讲中使用频率很高，尤其是初上场的演讲者，可以用它来克服自己紧张与分神的毛病，而不至于使自己看到台下那火辣辣的眼神而害怕。

这种方法还可以用来表示演讲时的愤怒、悲伤、怀疑等感情。

7.凝视法。就是具体看着某个人，有眼神交流。一般时间在3秒左右，尽量不要超过5秒钟。选择一个人作为焦点，然后眼睛慢慢地从一个人移动到另一个人，在每个人身上停留2～3秒钟。眼睛直视听众，或者是看着他们的鼻梁或下巴。运用这种方法可以对专心致志的热心听众表示赞许和感谢；对有疑问和感到困惑的听众进行引导和启发；对想询问的听众给予支持和鼓励；对影响现场秩序的听众进行制止，使其收敛，达到控场的目的。

8.闭目法。人的眨眼一般是每分钟5～8次，若眨眼时间超过1秒钟就成了闭眼。演讲中讲到英雄人物壮烈就义，演讲者与听众极度紧张，心情难以平静时，可运用此法。

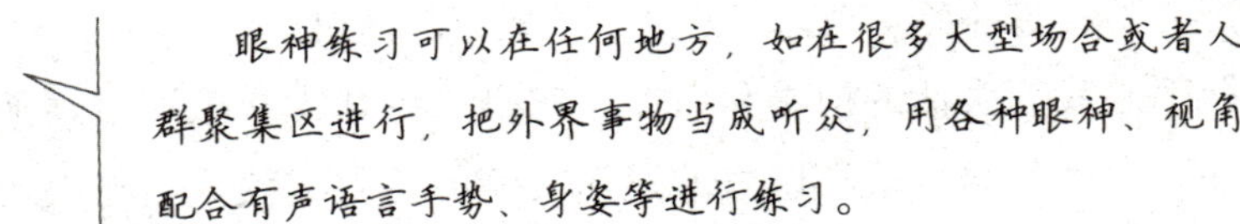

握手要遵守的“规章制度”

握手，是人与人交际的一个重要部分。握手的力量、姿势与时间的长短往往能够表达出不同的礼遇与态度，显露不同的个性，给人留下不同的印象。尤其对演讲者来说，更是获得尊敬、赢得认同的重要组成部分。

美国著名盲聋女作家海伦·凯勒就曾写道：手能拒人千里之外；也可充满阳光，让你感到很温暖……事实也确实如此，因为握手是一种语言，对演讲者而言，甚至是一种无声的演讲。

握手是我们讲话的前奏和后续。它是一种在大众生活中逐渐形成、并为大家共同承认和遵守的表示友情的方式或仪式。与人初次见面，熟人久别重逢，告辞或送行均以握手表示自己的善意，因为这是最常见的一种见面礼、告别礼。

握手是演讲者整体形象和演讲成功的重要组成部分。有经验的演讲者从步入会场、登台演讲，到演讲结束，离开会场，都特别注意自己的体态风度，十分讲究礼仪，给人以完美、良好的印象。

当然，握手是有顺序的，具体地说，无论是上台、下台，还是在其他场合，作为演讲者，都应遵守这样的握手顺序：

当你发现对方是长辈时，需待长辈伸手后，你才能伸手相握；上下级之间，上级伸手后，你才能接握；主人与客人之间，（主人宜主动伸手）待主人伸手后你再相握；男女之间，女方伸出手后，男方才能伸手相握；如果男性年长，是女性的父辈年龄，在一般的演讲场合中仍以女性先伸手为主，除非男性已是祖辈年龄，或女性未成年，在20岁以下，则男性先伸手是适宜的。但无论什么人，如果他忽略了握手礼的先后次序而已经伸了手，你都应毫不迟疑地回握。

握手的具体方法：

握手时，距离受礼者约一步，上身稍向前倾，两足立正，伸出右手，四指并拢，拇指张开，向受礼者握手。掌心向下握住对方的手，显示着一个人强烈的支配欲，无声地告诉别人，他此时处于高人一等的地位，应尽量避免这种傲慢无礼的握手方式。相反，掌心向里的握手方式显示出谦卑与毕恭毕敬，如果伸出双手去捧接，则更是谦恭备至了。平等而自然的握手姿态是两手的手掌都处于垂直状态，这是一种最普通也最稳妥的握手方式。

握手时应伸出右手，不能伸出左手与人相握，有些国家的习俗认为人的左手是脏的。戴着手套握手是失礼行为。

如果你是男士，那么，在握手前应先脱下手套，摘下帽子（女士可以例外）。当然在严寒的室外有时可以不脱，比如双方都戴着手套、帽子，这时一般也应先说声“对不起”。握手时，应双目注视对方，微笑、问候、致意，不要看第三者或显得心不在焉。如果你是左撇子，握手时也一定要用右手。当然如果你右手受伤了，那就不妨声明一下。

在商务洽谈中，当介绍人完成了介绍任务之后，被介绍的人要记住，第一个要做的动作就是握手。握手的时候，眼睛一定要注视对方的眼睛，传达出你的诚意和自信，千万不要一边握手一边东张西望，或者跟这个人握手还没完目光就移至下一个人身上，这样别人从你的眼神里体味到的只能是轻视或慌乱。那么，是不是注视得时间越长越好呢？也非如此，握手只需几秒钟即可，双方手一松开，目光即可转移。

握手的力度要掌握好，握得太轻，对方会觉得你在敷衍他；握得太重，对方不但感觉不到你的热情，反而会觉得你是个老粗。如果你是女士，就更不能把手软绵绵地递过去，显得懒散敷衍，既然要握手，就应大大方方地握。握手的时间以 1~3 秒为宜，不可以一直握住别人的手不放。

如果要表示自己的真诚和热烈，也可以较长时间握手，并上下摇晃几下。演讲者在讲话前后与人握手，一般不要用双手抓住对方的手上下摇动，那样显得太恭谦，使自己的地位无形中降低了，完全失去了一个演讲者的风度。

被介绍之后，最好不要立即主动伸手。特别是年轻演讲者、职务低的演讲者被介绍给年长者、职务高者时，应根据年长者、职务高者的反应行事，即当年长者、职务高者用点头致意代替握手时，年轻演讲者、职务低的演讲者也应随之点头致意。

假如你是女性演讲者，为了避免在介绍时发生误会，在与人打招呼时最好先伸出手。在演讲这类公共场所男女是平等的。

多人相见时，注意不要交叉握手，也就是当两人握手时，第三者不要把胳膊从上面架过去，急着和另外的人握手。

在任何情况下拒绝对方主动要求握手的举动都是无礼的。但手上有水或不干净时，应谢绝握手，同时必须解释并致歉。

作为脱稿讲话的人，恰当地握手，可以向对方表现自己的真诚与自信，也是接受别人和赢得信任的有效契机。

【脱稿范例】

纳尔逊·曼德拉：我是一个被指控的人

陛下，殿下，尊贵的嘉宾，同胞们，朋友们：

今天，我们会聚于此，与我国和世界其他地方前来庆贺的人士一起，对新生的自由赋予光辉和希望。

这异常的人类悲剧太过漫长了，这经验孕育出一个令全人类引以为自豪的社会。作为南非的一介平民，我们日常的一举一动，都要为南非创造现实条件，去巩固人类对正义的信念，增强人类对心灵深处高尚品德的信心，以及让所有人保持对美好生活的期望。

对我的同胞，我可以毫不犹疑地说，我们每一个人都跟这美丽祖国的大地亲密地牢不可分，就如红木树之于比勒陀利亚，含羞草之于灌木林。我们对这共同的家乡在精神上和肉体上有共同的感觉，当目睹国家因可怕的冲突而变得四分五裂，遭全球人民唾弃、孤立，特别是它成为恶毒的意识形态时，我们的内心如此痛苦。

我们南非人民，对全人类将我们再度纳入怀抱，感到非常高兴。不久之前，我们还遭全世界摒弃，而现在却能在自己的土地上，招待各国的嘉宾。我们非常感谢我国广大人民，以及各方民主政治、宗教、妇女、青年、商业及其他方面领袖所做的贡献，使我们取得了上述的成就。特别功不可没的，是我的第二副总统——德克勒克先生。

治愈创伤的时候已经来临。消除分隔我们的鸿沟的时刻已经来临。创建的时机就在眼前。

我们终于取得了政治解放。我们承诺，会将依然陷于贫穷、剥削、苦难、受着性别及其他歧视的国人解放出来。

我们已成功地让我们千千万万的国人的心中燃起希望。我们立下誓约，要建立一个让所有南非人，不论是黑人还是白人，都可以昂首阔步的社会。他们心中不再有恐惧，他们可以肯定自己拥有不可剥夺的人类尊严——这是一个在国内及与其他各国之间都保持和平的美好国度。

作为我国致力更新的证明，新的全国统一过渡政府的当务之急是处理目前在狱中服刑囚犯的特赦问题。

我们将今天献给为我们的自由而献出生命和做出牺牲的我国以至世界其他地方的英雄。

他们的理想现已成真，自由就是他们的报酬。

作为一个统一、民主、非种族主义和非性别主义的南非首任总统，负责带领国家脱离黑暗的深谷。我们怀着既谦恭又欣喜的心情接受你们给予我们的这份荣誉与权利。

我们深信，自由之路从来都不易走。我们很清楚，没有任何一个人可以单独取得成功。

因此，为了全国和解，建设国家，为了一个新世界的诞生，我们必须团结成为一个民族，共同行动。

让所有人得享正义。让所有人得享和平。让所有人得享工作、面包、水、盐分。让每个人都明白，每个人的身体、思想和灵魂都获得了解放，从属于自己。这片美丽的土地永远、永远、永远再不会经历人对人的压迫，以及遭全球唾弃的屈辱。对于如此光辉的成就，太阳永不会停止照耀。

让自由战胜一切。愿上帝保佑南非！

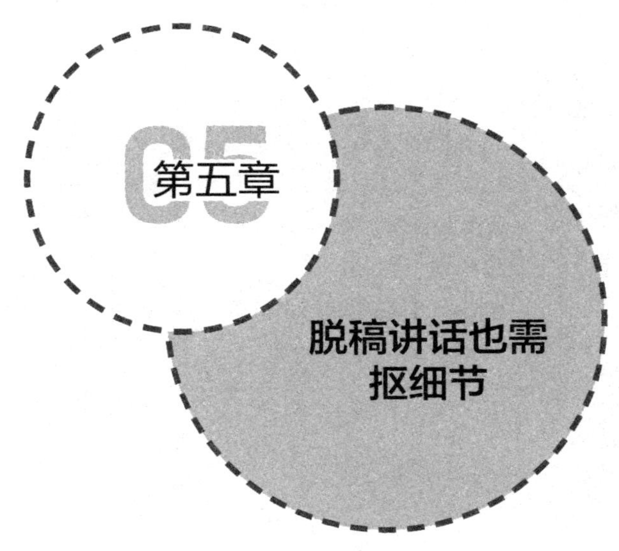
05
第五章
脱稿讲话也需
抠细节

脱稿讲话的细节，是讲话成败的关键，处理不好，就会给自己带来多余的阻碍。如紧张、口头语、停顿、陌生场面下的隔膜等，都要在走上讲台前有个基本的判断并想好应对之策。

口头语还是不用的好

在演讲和日常生活中，我们总是能听到这样的口头禅，如“那个”“你知道不”“是不是”“对不对”“嗯”等。它们像白米饭中的一颗老鼠屎，令人生厌也倍感苦恼。如果一个人在说话的过程中反复使用这些口头禅，并由此形成习惯，将对自己说话的效果及形象造成负面影响。

李力第一次上台讲话，是在2017年的5月1日，这天公司要求所有高管都必须在台上就公司最近以来发现的，轻视员工、工作方法粗暴的问题，在全员大会上进行面对面的解释。

当主持人刚刚说完开始，李力立即走上讲台，他是这样说的：“我，这个，一直以来啊，这个，一直以来，我，嗯，工作简单啊，对手下员工这个，嗯，我的态度呢，这个，的确存在问题啊，这是我个人平时，这个，自我修养啊，不够，制定流程没用好的表现……”一席话，让台下的员工感到非常无奈。大家也不知道他到底是不是从内心在检讨，最后评价，纯属敷衍。

本来公司的目的是增进上下级感情，就这样被李力的“这个”“啊”弄得面目全非。也给自己的形象造成不好的影响。

应该说，李力作为一名公司高管，其讲话中充斥了太多的“这个”“嗯”，说话含混不清，大大削弱了他说话的可信度。一般来说，这些口头语会喧宾夺主。它们分散了听众的注意力，降低了说话的效果。更糟糕的是，李力根本没有意识到他的演讲中掺杂了这些要命的口头语。

有研究表明，我们每个人在日常对话中往往都有约 20% ~ 25% 的“词”是导致语言不流利的口头语。

事实上，世界各地的人们都在用自己的方式填补语句中的停顿。英国人说“噢”；希伯来人说“呃”；土耳其人说“嗯”；日本人说“咳”“咦”；西班牙人说“呀”；中国人说“那个”“这个”；荷兰人和德国人说“啊”“呃”“嗯”；瑞典人说“嗯”“啊”“嗯”“呃”“哦”。

随时脱稿讲话，尤其是在大众场合的讲话，都是一种以态势语言表达为主，口头语言表达为辅，通过与听众面对面发表自己的主张和见解，以感染人、说服人、教育人为目的的艺术化的语言交际形式。具有鼓动性、针对性、适应性、艺术性、情感性等特点，其核心功能是影响、感召和听从。

很多人在说话过程中都习惯性地带有口头语，就像每个人都有他的习惯性动作一样。这种习惯性语言或动作，自己很难留意到，但别人可以清晰地感受到。

有些人的口头语无伤大雅，而有些人的口头语则让人无法忍受。但不管是哪一种，都应该在平时的讲话过程中努力加以修正和克服。因为口头语不仅能折射出你的内心状态，而且听多了还容易让人产生疲劳，导致精神不集中，这对人际交往很不利。

那么，如何改掉口头语使用过度的毛病？下面我们对症下药，逐一归纳。

第一，要克服紧张情绪。演讲台上人一紧张就容易说口头语。所以一旦走上演讲台，就必须自信。

第二，要准备充分。演讲前把要说的话在脑子里过一遍。最好试讲一遍。

第三，从思想上重视。脱稿讲话中克服口头语并不难，可是很多人都没意识到带口头语会影响演讲效果，以至于都是无意识中说出的口头语。如果发现自己有这样的毛病，就一定要从思想上重视起来，每次讲话之前不妨严格要求自己，讲话中更要加倍注意。

第四，要适当放慢语速。在可能说口头语的时候适当停顿。讲话中说口头语，很多时候都是因为对下一句要说什么还没有准备充分，想利用说口头语的时间来组织语言。容易说口头语的地方，一般都是两句话中间需要停顿的地方。这个时候就要有意识地停顿一下。

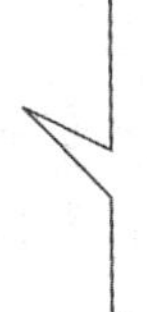

挂在嘴边的口头语所属的语言风格，会让人很自然地把你与这种气质联系到一起，例如“谢谢”“对不起”等文明、有教养的词汇让人感觉到你的高素质；总是把“无聊”“没劲”挂在嘴边的人也会让别人感觉到他的颓废、疲惫和无追求。

陌生场面先除隔膜

我们在脱稿讲话时，潜在的感情因素往往左右着心理倾向与理性思维，从而对话语的组织发表和可接受性产生微妙的影响。因此，讲话的人要设法消除与听众的心理隔阂，拉近与听众的感情距离，使听众乐于亲近自己。

年仅 28 岁来自河南商丘的王茜，登上了常设在瑞士的联合国贸易和发展会议的演讲台。一天时间，她为台下众多联合国官员代表作了两场演讲。台下的代表和工作人员从开始时的怀疑、疑惑、陌生，到被她的讲话所打动，甚至破例让她加时完成演讲。

一位中国常驻该机构的工作人员激动地说:“你真了不起，我从没见过这么年轻的中国人在这里演讲，你是第一个。”

“我的梦想就是让仅剩留守老人、妇女和孩子的老家恢复生气，摆脱贫困。”她对到场的中外人士说。声音仍略带颤抖。面对人头攒动的偌大会场，她说:“我希望村里的人都能留下来有事做，和我一起努力让村里发展得更好一点。”

其实，作为一个返乡创业的农民工，王茜搭乘着科技快车，在给家乡带来改变同时，也完成了自己人生一次华丽的转身。这次走上联合国讲台，正是因为她对带领乡里村民致富的一次展示。

谁也没想到，一个不为人了解的女生就在这次演讲中被人敬佩、熟悉。

应该说，一场好的演讲，从开始的每句话，到每个词，都是消除演讲者与听众之间心理隔阂的重要环节。

了解听众的需求是脱稿讲话的前提，演讲不能以自我为中心，从上台开始，就要紧紧围绕听众的需求，思考听众要从这次演讲中得到什么，还要理解听众来听这次演讲的更深层次的动机。我们在做演讲的时候，要重点满足大多数人的需求，照顾到他们的利益，洞悉他们深层次的心理动机。否则，你的演讲就是自说自话，最终变成一个人的表演和独角戏，而不会引起台下听众的共鸣。

举例来说，假如今天你要做一场关于“销售技巧”的演讲，听众的需求就是学习销售技巧，听众的利益就是希望通过聆听销售技巧的演讲来增加自己的销售业绩，赚更多的钱，他们深层次的动机是为了在老板和家人面前更有尊严，如果你的演讲能同时照顾到听众的需求、利益和动机，那毫无疑问就是成功的演讲。

另外，要体悟听众的文化、专业层次。毋庸置疑，初中生和研究生，他们由于学历的差距会导致对演讲的期许是完全不相同的两个层面的东西，所以，在讲话的时候，要考虑到听众的学历集中在哪个层面，以免引起误解。听众的专业层次包含两层意思，一是听众的专业与演讲内容的专业是否能够对接，正如，两片云只有在同一高度才能下雨；二是听众对演讲这门艺术的了解程度。比如，都是战争题材的电影，1960 年代的观众和现在的听众，观众对这类电影的要求是完全不一样的，1960 年代的观众很少接触电影，只要是电影，就能让他们欣喜若狂，但今天的观众已经在一次次的电影观赏中，被逐渐培育成超级鉴赏家，他们的观赏要求会更高。所以，我们在演讲时要做到心中有数。

“读万卷书，不如行万里路；行万里路，不如阅人无数。”经历对一个人来说是非常重要的，不同职务和能力的人在听演讲的时候心态是不一样的，职务很低的人和职务很高的人一般都能很认真听。

所以，我发现很多基层员工和老总以及副总在听演讲时是最认真的，反而某些个别的中层职务的主管却不认真听。

当然，对听众的了解还应该包括性别、地域、态度等。性别方面总体来说，男性比女性更活跃，女性比男性更认真；不同地域的人，习性上会有些不同，这些不同的人聚集在一起，就会形成这个地域的人的性格特质。例如：深圳是一个移民的城市，小小的深圳竟然聚集了中国56个民族，这个地域的听众很活泼，思维和行为都很开放，在这里演讲会得到更大的配合；台下听众的态度也很重要，有些听众是自愿来听演讲的，而有些听众是被迫强制来听的，有些听众是抱着试试听的态度，有些听众是很想从演讲中学到知识的，还有些听众是没听过演讲来凑热闹的……面对这些不同态度的听众，我们需要做好应对的准备和预案。

这里需要特别留意的是，我们在讲话的时候，若要举例，千万不能伤害到台下那些无辜的人。譬如：你可以说，有些不发达的西部城市，但你不能点名某某城市，如果你点名某个城市，或许台下有人就是这个城市的，他会感觉不舒服，很容易和演讲者产生对抗情绪。你也不能说，这个部分的内容主要是给大学本科以上的人听的，这样你会打击到台下那些学历低的人，进而让你与听众之间产生莫名的隔阂。

陌生场面上台演讲时怎样消除隔膜呢？有下面三个小技巧。

一是体察隐衷，言其欲言。演讲者要善于捕捉人们的内心欲望，做大家的代言人。当演讲者是生人的时候，听众开始不免有些隔膜感。这时直奔主题往往让人难以接受，不妨先推销一下自己。

二是要让听众与你融为一体，亲密无间，那就要说心里话，待人以诚，平等待人。即使是上级、领导，也不可出言虚妄，盛气凌人。共同的感情，共同的境遇，共同的理想等，会把彼此的心连在一起，使演讲者融化在听众之中。

三是选择那些极为贴近听众的演讲题材，叙事明理，朴实亲切，或者以此为过渡，自然地扩展。天南海北，张口成趣。

> 脱稿讲话常见的毛病有：声音痉挛颤抖，飘忽不定；大声喊叫，音量过高；音节含糊，夹杂明显的气息声；声音忽高忽低，音响失度；朗诵腔调，生硬呆板等。所有这些，都会影响听众对演讲内容的理解。

只语片言总关情

要做到脱稿讲话相对比较容易，但是要想讲出感情，讲出听众的心声，最大程度地与听众产生共鸣，却不是一件轻松的事，这就需要只语片言总关情。

作为2016年刚从大学毕业，被分配到聋哑学校的老师，侯老师从走上演讲讲台的那一刻起，便充满深情：

“初进聋哑学校，我讶异于苍穹之下残缺的生命何以如此之多！上帝创造万物，却没有使之皆臻于完美。所以，这些不幸孩子心灵深处的伤痕，就更需要用理解与真情来抚平。

“聋哑孩子是不幸的，每天醒来，听不见虫鸣，听不见鸟叫，默然清寂的岁月激不起任何斗志。然而，聋哑孩子又是幸运的。日复一日，年复一年，学校、社会、家庭给予他们关爱、理解，他们渐渐明白：无声世界里充满了真情！”

其实，侯老师在接到聋哑学校任职的通知时，她曾痛哭了一场。因为才21岁的她，今后将整天同一群聋哑孩子打交道，她无法面对这个现实。理智、爱心考验着她，当她看到一位聋哑学生的诗句“我愿牺牲所有的荣华以换回声音，哪怕只是片刻的”时，她被打动了，聋哑孩子也有梦想，聋哑孩子更需要理解！

正因为有了这份理解，才让她在演讲中充满了对聋哑孩子的爱。孩子们也集体起立，为老师的演讲鼓掌。

是啊！有声世界固然美好，无声世界更显真情。上帝给予聋哑孩子的生命如此“不凡”，要想快乐地延续，也许并不容易。但是，只要有真情，只要有理解，聋哑孩子就一定会走出心灵的阴影。

有感情的演讲可以最大程度地表达出演讲者的灵魂，可以最大限度地与听众产生共鸣，要有感情地演讲，需要从演讲的内容、语言等方面入手。

怎样有感情地演讲呢？

总的要求是，演讲必须流露真情。可以直接表达对听众的赞美和喜爱，使自己的感情飞流直下；也可以直中有曲，适度控制，以引而不发的张力摇荡听众的心旌，使听众的心默默地贴近你。

演讲者要想把思想感情准确地表现出来，就必须理解演讲的内在含义，挖掘出演讲的灵魂。在理解演讲内涵时首先要清除障碍，搞清楚诸如成语典故、文言文的含义，不要囫囵吞枣、望文生义。其次，要把握演讲的背景、演讲的主题和情感的基调，这样才不会把演讲搞得支离破碎，甚至歪曲演讲的思想内容。

在理解、感受演讲内涵的同时，还要融入自己的思想，就像演员一样，首先读懂剧本，然后入戏，到最后不知道自己是在戏里还是戏外。要做到这一点，下面三个技巧可供参考。

第一，发自内心的表达。

没有什么比激情更能说服人了。所以，对你的想法保有激情吧。个人经历和强烈的情感总是比干巴巴的事实和数据更能吸引你的听众。当然，你也可以将你的个人情感赋予数据支持，这样会更好。但是，你要注意的是怎样将这个经历跟自己产生联系的同时还要跟你的听众产生联系。从个人经历延伸到听众的生活与职业，是有趣而富有力量的，也最能吸引他们的注意。

第二，富有幽默感。

许多演讲者对讲笑话总是感到害羞，觉得自己的笑话可能会得不到任何回应，不过这确实值得一试。听众一般会比较欣赏那些愿意去取悦他们的演讲者，而不是那个在台上做简单陈述的演讲者。对你要讲的笑话，多排演几次，记个时间，这样你再讲时就能满怀信心了。自嘲性质的笑话总是保险的，开开会场上有名气的几个人的玩笑也是不错的选择，但是之前要先问过他们。还有，跟种族、性别有关或富有攻击性的笑话则要回避。

第三，越简单越真实。

告诉听众他们会听到什么，以及听到的内容很重要的原因。比如，“我将给出四个要点，这可以帮助你们今年的市场份额翻一番”。接着你就可以开始说了，最后再总结和重复你的主要观点，结尾时的总结要富有力量和激情。冗长、复杂的报告看起来很尖端，但往往引不起听众的兴趣，说完了也没什么可以记住的。优秀的报告会向听众呈现清晰的观点，而这往往富有启发性，富有力量，同时容易让人记住。

> 克服听众视线压力的秘诀，就是一面进行演讲，一面从听众当中找寻对自己投以善意的温柔眼光的人，并且无视那些对自己投以冷淡眼光的人。此外，把自己的视线投向强烈“点头”以示首肯的人，对巩固信心很有效果。

停顿，用好你的“休止符”

随时脱稿讲话，并不是不讲方法，不顾场合也不分时段，一股脑地把话说完，而是要掌握技巧，缓急有度，张弛守法。就像唱歌一样，有个休止符。比如：当我们转换语言，承上启下或提出重点，总结中心思想，概括主要内容时，就需要适时的停顿。以保证听者理解消化和吸收。

在《决战谈判桌》一书中，作者讲述了他个人的一段经历。有一次，当他穿着拖鞋走出家门，打算拿邮筒的邮件并给前院的草坪浇浇水的时候，一阵大风刮过，门被“砰”的一声关上了。他身上没带钥匙，而这时已是晚上六七点钟。万般无奈，他只好向邻居借电话，请锁匠来开锁。于是，围绕着劳务费——价格问题，作者和锁匠之间就有了一番“谈判”：他（锁匠）看了我一下之后，说：“价钱嘛……55块美金。”我听了之后，心里想：“糟糕，家里到底有没有这些现金？搞不好得开车去银行取钱。要不要先跟邻居借一下呢……”没想到年轻的锁匠看我不吭声，以为我生气了，马上不好意思地说：“好吧，好吧，50块好了。”我这下子更惊讶了，没有作声。“……哼……现在是晚饭时候了，应该算加班呢……就算你45块好啦。”其实我根本不知道行情是多少，是他的罪恶感让他自动降价。随后我终于开口了：“40块钱！”这时候，他一副如释重负的样子，说道：“好吧，不过你得给我现金。”

在这场谈判中，价格一降再降，不是因为作者的“旁征博引”，而恰恰是因为他的“沉默”，真可谓“沉默是金”。这里的沉默正是极佳的停顿。

这正好从一个侧面说明了停顿在脱稿讲话中的作用，停顿最直接的表现形式就是沉默。在随时脱稿讲话中，人们不仅需要借助有声语言，而且需要借助无声语言表情达意。甚至，在某些特定的语言环境中，无声语言更能表达有声语言所无法表达的思想内容，“此时无声胜有声”就是对无声语言作用的描述。停顿就是一种无声语言。

说话中的停顿，通常分为语法停顿、逻辑停顿和心理停顿。语法停顿是为了结构明确、层次清楚所做的停顿。逻辑停顿是为了强调某一特殊的意思或某种逻辑关系所做的停顿。心理停顿是说话人为了表达某种感情或达到某一目的而有意识安排的一种停顿，它常常取决于说话人的心理情绪。

在脱稿讲话时，恰当地使用停顿，尤其是心理停顿，能够获得更好的说话效果。

首先，停顿可以增添说话的情趣。通过停顿可以设置悬念，该说而不说，让听者如堕五里雾中，待时机成熟，突然亮底，风趣十足。

其次，停顿可以增强说话的吸引力。停顿能迅速消除语言传递中的种种障碍，使听者的注意力集中。“没有一点声音，没有任何喝彩，只有那震耳欲聋的寂静。”——这便是停顿所能达到的最佳传播效果。

另外，停顿有助于掌握说话的主动权。运用停顿，可以使说话者赢得思考时间，从而增强语言表达的逻辑性，使表达更严谨，减少说话中的失误；运用停顿，将说话的机会让给对方，可从中获取更多的信息，同时也能避免自己将不该说的讲出去；运用停顿，可以造成对方的心理压力，从而使对方做出某些让步。作者的经历就是很好的佐证。

哲人讲："言而当，知（智）也；默而当，亦知（智）也。"在大部分人的印象当中，那些优秀的演讲者在演讲时滔滔不绝，似乎从不停歇，但每到关键时刻，演讲者又会抛出一个问题或者悬念，适当的停顿，延缓一下节奏，看看台下听众的反应如何，然后再继续他的演讲。

那么，在我们平常的演讲当中，怎样才能够把握好停顿的分寸？

第一，举例之前。在议论说理之后，应给听众说一个事例或讲一个故事来加深大家的印象和理解，如果在举例之前稍稍停顿一下，就能引起听众的注意和好奇，抓住听众的心。

第二，"混乱"之中，如出现观众交头接耳，议论纷纷，会场秩序不好时，应适当地停顿一下，让听众不自觉地安静下来，以达到"控场"的目的。

第三，气氛热烈，如听众席中出现掌声和笑声或者当你讲到精彩之处，全场笑语满堂，掌声大作，议论之声不断时，可稍作停顿；如果听众的掌声、议论声较长，你还应双手朝下，轻轻地按一按，待掌声、笑声、议论声结束之后，再开始讲话。这样，可以给听众提供余音绕梁、吐露情感、双向交流、良性互动的机会，同时也是一种尊重听众的表现。

第四，话题转移或段落结束之际。在书面语言上，一个话题段落结束后，就另起一行，空两格，使人一目了然。但口头语言上，段落结束、新的话题开始之前，其标志就在于停顿。这时的停顿，可以加深听众的理解和记忆，以便再接受新的东西。

从心理学上说，这是即时记忆的最佳时期，这里的停一停，就像我们盖图章时使劲按几下的动作，可使印象更加清晰和牢固。

> 运用停顿时，要有充分的准备，要有耐心。在确定有必要停顿时，不论别人怎样，始终缄口不言。不要怕冷场，不要怕给人难堪，不要想当个“带头人”。假如思绪还没有理清，意见考虑不成熟或说出来可能不合时宜，还是沉默为好。

开口别紧张，聊天勿“短路”

俗话说：“锦于心而秀于口。”古往今来，大凡成功者，往往都拥有信手拈来、侃侃而谈的出色口才。可以说，随时脱稿讲话不仅是一门艺术，更是一种零成本的树威、亲民并获得成功的技巧。

当然，脱稿讲话也有高下之分，尤其是细节，对于很多人来说都是不小的考验。试想：在众目睽睽之下发言，面对的又是针扎般的视线、期待的表情，那种无助、紧张以及内心的惶惑不是一般人所能承受的。由此也让讲话者不是胡言乱语就是信口开河，这样带来的直接后果便是说者慌、听者烦。可谓“一开口就浑身紧张，一聊天就脑子短路”。

某单位在院里开选举会，不巧当天刚好下起了雨，参加选举的人都只好打着伞站在雨里。主持人是个新手，第一次遇到这种场面，心里没底，本想把队伍整理一下，却因为过于紧张，随口就说：“今天阳光明媚，请大家有秩序地坐好，不要随意走动，下面听我的指挥，全体起立……”主持人的雷人之语瞬间逗乐了在场的所有人。

从这件小事中可以看出：第一，主持人的心态不稳定；第二，主持人过于拘谨，不仅没有把控现场气氛、激发听众情绪，还闹出令人啼笑皆非的笑话，损坏了个人形象。

普通人紧张、大脑短路闹个笑话还情有可原，但外交舞台、首脑之间等国际场合要闹出这样的事就不仅仅是细节问题了，它将严重损害国家形象，甚至成为历史的笑谈。

很多人都知道苏联领导人赫鲁晓夫与勃列日涅夫，两人的演说风格迥然不同，一个善脱稿赢掌声，一个则话不投机，出尽洋相，二人形成鲜明对比。

根据曾长期给这两位领导人当英语翻译的维克托·苏霍德列夫的回忆，赫鲁晓夫1959年访美时，就因为总爱即兴发言而使翻译“神经紧张，难以招架”。在访问的最后一次演说前，赫鲁晓夫对翻译说：“这是总结此次访问的终场戏，我就照本宣科吧。”没想到上台刚念了两段就变了卦，他丢开讲稿说：“我还是决定对参观贵市（匹兹堡）和工厂发表点感想。”于是，他插科打诨、嬉笑怒骂，足足讲了40分钟。结果是，听标准讲话稿听烦了的美国人“掌声雷动”。

而勃列日涅夫演讲时不喜欢脱稿发言，总是照本宣科。一旦离开讲稿，就一句话也说不出来了。一次在维也纳同美国总统卡特会晤时，卡特问到了某个问题，于是苏霍德列夫就把稿子中的无关部分划去，然后把稿子递给勃列日涅夫，勃列日涅夫照稿念起来。当念到划去的段落时，他转过头问翻译：“我还要往下念吗？”苏霍德列夫感到非常丢脸，但又无奈，只好赶紧说：“不，你不要念了。”卡特和他的翻译这才看穿这位苏共领导人的虚假作风。

开口讲话也好，与人闲聊也罢，都是心理素质、语言能力与应激反应能力高度结合的综合素质的体现。有些人天生就能站在人前毫不怯场地当众发言，有些人则需要经过训练才能达到，大部分人都属于后者。所以，即使目前的你无法做到像成功者那样坦然自若地侃侃而谈也不要紧，只要克服心理障碍、系统全面地提升语言表达和叙述能力，有朝一日，你也可以在各大场合，面对各色人群，轻松自如地谈笑风生，成为随时都能脱稿讲话的人。

控制脸部的方法：首先不可垂头。人一旦“垂头”，就会予人“丧气”之感，而且若视线不能与听众接触，就难以吸引听众的注意；其次缓慢说话，说话速度一旦缓慢，情绪即可稳定；脸部表情也得以放松，全身上下也能够为之泰然自若起来。

【脱稿范例】

穆罕默德·尤纳斯：向贫穷宣战（节选）

欢迎大家来到第二届亚太中小企业峰会，祝贺马云，阿里巴巴集团以及所有参与组织此次峰会的人，这是一次非常重要的会议，但是很遗憾，我不能参加这样的会议，但是我想可以通过这段录像来和你们分享我对这次峰会主题的一些思考。

你们这次会议大概会讨论很多有关市场解决方案的话题，市场解决方案是一项非常伟大的构想，但前提是要有市场。然而对于穷人来说，市场本身不会自己飞到穷人面前，除非商人为他们创造。受到利润最大化的驱使，商人们所做的一切都是为了赚更多的钱，他们是不会让穷人去创造市场的，因为他们觉得那无利可图，这正是问题的根结。所以要想看到穷人涉足市场、创造市场，我们就需要设立一个特殊的机构。

1972 年我从美国回到了孟加拉，并开始教书，那时候孟加拉还在争取独立，随着解放战争的爆发，孟加拉很快成了一个独立的国家，我回到战争过后一片萧条的孟加拉，并开始在一所大学当老师。很快我发现有人因饥饿而死，许多人都没有东西吃，这情景简直是惨不忍睹，我在教室里教着优雅的经济学理论，而教室外面却有人要饿死。我无法继续忍受这样的事情，我想，作为一个有血有肉的人，我应该走出去，去做一些对他们有用的事。看看能不能给他们提供帮助，刚开始我做的事就是这些而已，走出教室，在与大学校园比邻的村落中做一些力所能及的小事。在这个过程中我发现，房贷者那些放高利贷的吸血鬼，是如何使村里的穷人生活变得更加痛苦不堪。

因此，我觉得我应该更多地关注这个信贷过程。我打算列一章信贷者的名单，当这个名单完成后，上边一共有 42 个人的名字，而他们总共只借了 27 美元，这简直让人无法忍受，他们因为那么一点点钱却受着那么多的折磨。我想我可以解决这个问题，比如取代放高利贷人，由我来把这 27 美元借给这 42 个人，我也正是这样做的。人们非常高兴，于是我觉得我可以将此继续下去，让他们远离那些可怕的吸血鬼，我尝试着帮助穷人联系当地的银行，希望村里的银行是可以借钱给他们，这样他们就不用借高利贷了。但你知道银行是怎么说的吗？他们说不行。银行这样的商业组织，是不会把钱借给穷人的，因为他们没有信誉。于是，让银行愿意把钱借给穷人是我的使命，经过长期的和多次的交涉，我终于成功了，但前提是要我作为担保。我会在所有的贷款协议上签字，银行给钱由我来担保。从 1976 年开始，我就以担保人的身份从银行借钱给穷人，为他们承担风险、起草各种能够更好地方便他们还钱的条款，这就是格莱珉银行的前身。

……

在座的各位都深谙商道，你们应该很清楚，想象一下假如没有银行，你的生意会是什么情况？你的生意也会停止，你什么也做不了，你的生意也会停滞。因为你无法仅仅用你自己的钱获得更多的资金，从而无法进行更多投资，无法迈出壮大你生意的一步。然而穷人没有得到过银行的帮助，所以他们始终贫困。但现在我们看到的是穷人渐渐走出贫穷，每年有成千上万的家庭远离贫困，贫困不是穷人的专利，贫困是体制带来的，是我们固有的观念带来的。

因此我们要回到最原始的思路上，假如你想寻找市场解决方案，你必须先有一个市场，你要重新定位市场，使之成为可能，然后再想怎么创造另外的商业模式，比如伴随着利润最大化的商业模式，我们可以创立一种商业模式造福于大众，就像格莱珉银行所做的。它服务于人民，而不是纯粹为了获利，我没有格莱珉银行的身份，因为那不是我建立它的初衷，所以我们既可以重建没有亏损也没有分红的商业机构，以达到社会的目标，为那些从来没有进入过市场的人创建市场、为那三分之二的世界人口打开一扇通往金融机构的大门，获得资助并得以继续生活，这是一个很奇怪的现象，穷人更需要钱，但他们往往得不到钱，钱都是在那些富人手中，虽然他们已经很有钱了。

这是一个很好的现象，更理想的状况应该是扩大市场，扶持获利面，将机构针对的客户延伸到每一个人。我们所要创建的金融机构，应该具有包容性，应该是能照顾到每一个人的机构，我们所要讨论的中小型企业是一个新的领域，中小型企业的发展说明中小型企业并不一定是很多人创建的，即便口袋里没有几个铜板的穷人也可以建立中小型企业，所以我更要帮助这些人，让他们取得成功。

……

在这个世界上，没有人应当遭受苦难和贫穷，贫穷不应该属于人类社会，贫困应该属于博物馆，我们应该建造一个贫困博物馆，把贫困放进去陈列，贫困应该从地球上消失，这才是我们应该关注的。

谢谢大会给我这个发言的机会。

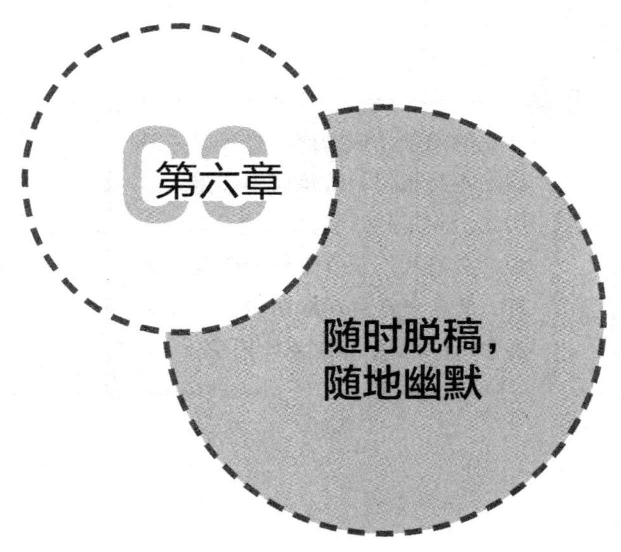

第六章

随时脱稿，随地幽默

真正的幽默是诙谐而不失风度，滑稽而不显粗俗，精炼而不露繁冗。因此，幽默虽然只是短短的几句话，却常常能胜于千言万语的描述与雄辩，使人非常直观地明白你要表达的事实和道理，并轻易地接受。

幽默体现高情商

在各种随时脱稿讲话的语态中，幽默，可算其中极有情趣的一种。一个演讲者能在脱稿讲话时赢得笑声，不仅是自己情商高和演讲技巧成熟的表现，更能给本人和听众都留下愉快美好的回忆，也是演讲成功的标志。

美国诗人、文艺评论家詹姆斯·罗威尔 1883 年担任驻英大使时，在伦敦举行的一次晚宴上发表了一篇名为《餐后演讲》的即席演说。

最后他说："我在很小的时候听人讲过一个故事，讲的是美国一个卫理公会的牧师。他在一个野营的布道会上布道，讲了约书亚的故事。他是这样开头的：'信徒们，太阳的运行方式有三种，第一种是向前或者说是径直的运动；第二种是后退或者说是向后的运动；第三种即在我们的经文中提到的——静止不动。'（笑声）先生们，不知你们是否明白这个故事的寓意，希望你们明白了。今晚的餐后演讲者首先是走径直的方向（起身离座，做示范）——即太阳向前的运动。然后他又返回，开始重复自己——即太阳向后的运动。最后，凭着良好的方向感，将自己带到终点。这就是我们刚才说过的太阳静止的运动。"

这种紧扣话题的传神动作表演，惟妙惟肖，天衣无缝，怎能不赢得现场听／观众的热烈掌声和欢笑声！

可以说，一场好的演讲，随时脱稿固然重要，但最不可或缺的还是“幽默”。幽默，不但能为演讲者减轻自身的紧张压力，快速有效地拉近听众与演讲者间的距离，更重要的是，可以自始至终让听众保持高度的兴趣与注意力。

在演讲中插入一些妙趣横生的内容，往往比振振有词的套语更能牵动听众的心弦。常常是那些含蓄风趣的材料和语言，寓庄于谐，使人在会心一笑的同时，体会到高尚的情趣和深刻的道理。因而讲坛高手从来不忽略幽默，相反总是以笑来调节台下听众的情绪，激发其回味无穷的遐思。

幽默，有助于引起注意。一次两三个小时的演讲，要让听众始终能饶有兴味地听下去，确实很不容易。幽默所引发的笑，对于昏倦、疲乏的听众来说，无异于醒脑提神的兴奋剂，对消除困乏有奇效。恽代英某次登台演讲前，发现台下听众睡意渐浓，于是他走上台，“哈，哈，哈”接连大笑三声，人们精神一振，场上气氛马上活跃起来。

幽默，使听众喜欢演讲人。现代社会，演讲人如果擅长幽默，就表明他高贵、文明、洒脱和富有风度，因而极易赢得好感，获得听众的喜爱。而听众从感情上喜欢演讲人了，他所讲述的内容也就容易灌入脑海，留下痕迹了。

一位著名专栏作家一次在“森林防火人俱乐部”作演讲，听众来自不同职业层次。他说：“人家告诉我，在我这年龄居然还保持着这等好身材，真不简单。我把这功劳全归于妻子爱丽丝。25年前我们结婚的时候，我告诉她：‘亲爱的，我们永远也不要吵架。每当你让我心烦的时候，我都不会跟你吵。我只会到附近去走走。’因此你们现在看到的这副美妙身材，完全是四分之一世纪以来每天做户外运动的结果!”

这位聪明的休斯敦人以无忌的谑语与自己的听众建立起了亲密

无间的关系。

幽默，会帮你处理那些困难的话题。演讲的题材很广泛，有时你想表达的信息是别人不希望耳闻的，可能涉及痛苦的事实，或者需要听众做出较大的牺牲，或者要他们面对某些残酷或厌恶的人生处境。这时，快人快语是不合时宜的，相反，委婉一点，运用你幽默的力量，便会使听众免于受到痛苦情绪的威胁，解除他们对禁忌话题所产生的不安与恐惧。

而幽默是不是天生的呢？当然，个性是一部分，但是幽默程度的高低，却与生活态度有密切的关联。试想，一个不喜欢听笑话或听完了坚持不笑的人，会成为具有幽默感的人吗？还有一种人听完笑话总要穷追猛打地问人：“为什么？为什么？”好像连“悟性”都成为培养幽默的关键要素了。

事实上，运用幽默是有技巧及方法的，只是要在时间点及情境上灵活掌握，再加上串联的机智，即可发挥令人欣羡的幽默特质。幽默的运用技巧大致有以下几种。

“笑”行犯上

现代社会主管与部属间的距离拉近，因此，有些较开明的主管，的确能接受演讲者的调侃或反讽，他不仅能成为全场焦点，更能突显其包容。但演讲者在运用前仍须对这些主管级人物稍加了解，切不可贸然开口，以免惨遭封杀。

张冠李戴

经常听到很多人讲笑话时，总会非常本分地“原版”搬出，这种说法，充其量只能达到笑话的转述作用，倘若将笑话中的人、事、时、地、物稍作修改，冠上与自身环境相关的串联，则产生出来的效果就会完全不同。

夸大其“词”

曾有一位叫“大头”的小孩，哭着跑回家，对妈妈说：“妈妈！他们都笑我头很大，我的头真的很大吗？”妈妈边摸着儿子的头，边笑着说：“你的头一点也不大！”单是这么看，没人了解其幽默点，但若讲者配上夸大的手势动作，再摸着一颗大头，那么“笑点”就会因手势与内容的矛盾而产生“笑果”。

所以，幽默并非只是会讲，还要会“演”，相乘之下才能产生强大的功效！

> 关于情商的讨论很多，标准却很少。善于让自己快乐，也让别人高兴的人永远是值得尊敬的，因为善良的人不一定快乐，但恶毒的人一定不快乐。而我们脱稿讲话最终追求的，是和自己的和解，和他人的融洽。

段子用得好，机会就来了

随时脱稿讲话作为一种不受场地、时间限制的直抒胸臆的语言表达形式，早已经成为一门语言艺术。而段子，作为语言的润滑剂，常常成为这类讲话中不可或缺的亮点。好的段子不仅能给讲话增添活力，有时还能改变事情的走向。

下面是一位脱稿演讲者在讲述争论弊端时说的一个段子：

在我国的新疆，街道办一位108岁的老人举行庆生活动，此事很快惊动了不少当地媒体，其中有一家报纸的记者问老者："先生，您是如何活到108岁的呢？"

老人回答说："其实很简单。我从不与人争论。"

记者说："那不可能，肯定还有其他原因，比如食物啦，情绪啦，或者其他什么东西。仅仅不与人争论是不足以使您活到108岁的高龄的！"

老人盯着他看了几秒钟，然后耸了耸肩说："嗯，也许你是对的。"

以下同样是一位脱稿演讲者在一次演讲中引述的段子：

人类历史上第一架飞机的发明家莱特兄弟，是一对善于思考、刻苦钻研的好兄弟，但他们同时又是一对最不善于社交的难兄难弟，他们最讨厌的就是演讲。有一次在某个盛宴上，酒过三巡，热情的主持人便请大莱特发表演说。

"我想这一定是弄错了吧！"大莱特期期艾艾地说，"演说总是归舍弟负责的。”

主持者转向小莱特。于是小莱特便站起来说道：“谢谢诸位，家兄刚才已经演讲过了。”

这些插科打诨的段子，不仅体现出说话者的睿智，也让人在轻松的一笑中收获信息。脱稿讲话同样如此。段子用得好，机会就来了，这个机会就是你获得讲话效果的良机。

我们知道，味同嚼蜡的演讲每每使演讲大厅内私语嘈杂，分成许多“热点”，单个人则多数目光暗淡、东张西望。这与演讲者所期望造成的朝某个方向“集体行动”的结果背道而驰。假如你以模拟声态，绘声绘色或抛出一些使听众感到奇特有趣的段子，听众的注意力就会集中到你的论题上。彼此相互感染，大家便会思维活跃、面带笑容地注视着全场的中心——演讲者，从而满足你的愿望，展现出不可逆转的集体意志。

怎样的段子才能让听众感到幽默风趣呢？最有效的方法之一就是让听众“出乎意料”。人们说话的时候都有一种心理预测，你说了上一句，他心里已经在预测你下一句要说什么。如果所讲的果然“不出所料”，他会感到平淡无奇，甚至索然无味；如果所讲的竟然“出乎意料”，并令他感到新鲜奇妙，幽默感便应“话”而生了。具体来说，产生幽默的语言有以下两点方式：

第一，在语意突然转向中生出奇妙。

运用这种方法，常常是先表述一种事物的多种情况，或者多种事物的一种情况，使听众心理上形成一种明确的语意趋势，然后突然转向，亮出与先前趋势不同的奇妙的意思，使人发出一种由意外而引发的笑。

第二，在语意断而再续中生出奇妙。

说话者故意把本来可以一口气说完的一句话故意不一口气说完，

而有意停顿一下，给听众留下一个预测语意趋势的时间，然后再把后一半说出。当听众听完以后，突然发现说话者的意思竟“出乎意料”，于是顷刻顿悟，开心一笑。有这样一段对话：

甲：当我拿工资后，你猜我会怎么办？

乙：交给老婆。

甲：不，存银行。

乙：嗯，这才是男子汉！

甲：……然后把存折给老婆。

乙：……

对话中的甲，故意将“（把钱）存银行，然后把存折给老婆”，分成两部分来说，使人对他话语意义的预测和理解，出现跌宕曲折，趣味横生。

语意表达的割断，有时也可以通过语音的停顿来实现，如：

一个小伙子说：“昨天在大街上，有一位漂亮的姑娘，与我素不相识，却主动开口和我说话。”

他的朋友走过来说：“老弟，你可真走运了！那位漂亮美眉对你说什么了？”

“她说……”

“说呀，别不好意思嘛！我又不是外人了。说出来，我说不定还可以为你参谋参谋呢！”

“她说：同志，随地吐痰，罚款5角。”

这位小伙子有意把要表达的意思截成两截，使朋友在心理上预测“这小子有艳遇”了。可是，当他把漂亮姑娘的话说出来时，竟完全在听者的预测之外，话语便出现了幽默的效果。

每个脱稿讲话的人都期待从开场到结束，都能全场笑声连连、听众意犹未尽，把气氛营造得非常热闹。所以演讲者就要有一定的“段子功”，才能字字珠玑，妙趣横生。

把幽默当成技艺

随时脱稿讲话发挥得出色，是许多演讲者都求之不得的美好境界。这其中，幽默的运用好坏十分关键，你如果把它当成包袱，它就达不到活跃气氛的“笑”果；你如果把它当成技艺，它就会为你的演讲服务，引来一片笑声和掌声。

幽默有千万种，下面这对恋人的对话就是其中一种：

女：举个例子，假如我们已经生活在一起，我在外面生气回来，虽然知道你也刚刚回家，却毫无理由地向你发脾气，嫌你没有做好饭菜，这时你会怎么办？

男：这好办，我会一下子冲到厨房，拿起菜刀……

女：怎么样？

男：赶快给你做可口的饭菜，让你没有办法再生气。

丈夫故意把“拿起菜刀”“赶快给你做可口的饭菜”分为两部分说。先说出前部分“拿起菜刀”故意诱导女方去按思维惯性思考，预测他拿刀是来打斗。当他把妻子的思路方向搞定以后，他说出的结果却是：拿起菜刀赶快给你做可口的饭菜。这种突然的转向，跌宕起伏，一惊一喜，幽默感就出来了，在这对恋人间平添了浪漫情趣。

这种口语上的停顿，实质上就是对思维惯性的利用。停顿前说的部分，常常是给对方一个思考方向的暗示；停顿后说的部分，则是语意的陡然逆转，让人产生某种突兀感。

除了口语上的“陡然逆转”可以产生幽默之外，选词择句等修辞手法突破听话者的预测，也会产生幽默的效果。

请看一个小品中的对话：

男：前途是光明的！

女：对，前途是光明的，道路……

男：道路是弯的！（观众都笑了）

这里为什么会产生幽默呢？“前途是光明的，道路是曲折的”是脍炙人口的名言，当女子的说了前半句，大家心里不约而同地把后半句预测出来了。但是后半句却让人出乎意料，说成道路是弯的，意思没变，可书面语“曲折”突然变成了口语“弯”，还是让大家出乎意料。一两句对白便把角色的酸气、土气刻画得淋漓尽致，直叫人笑疼肚子。

谁都想把话说得风趣幽默，让听者听得乐呵呵的，大家都开心。这样既表达了意思，又融洽了人际关系。做到说话幽默，除了要求说话者见多识广，豁达乐观之外，还必须掌握一定的技巧。

修辞离不开幽默

很多人在脱稿讲话时，喜欢咬文嚼字，在语言的修辞上大做文章，这没错，但仅有修辞不讲幽默也是不行的。如果你在庄重的场合一味地使用修辞而忘了调节气氛的幽默，可能就会让人感到你装腔作势，一本正经。因此，我们反对油嘴滑舌的幽默和浅薄，我们也同样不赞成没有修养的教条。

语言的修辞离不开幽默。我们知道，在一般的口头表达上常用的修辞手法有比喻、夸张、排比、数字归纳等。适当运用这些方法，可以使说辞生动有趣，不会干巴巴的。比如说，我要称赞洋洋，可以这样说，“洋洋，你貌美如花”；也可以这样说，“洋洋，你能不能别美得逆天啊”。洋洋肯定更喜欢听后面这句，因为后面这句就使用了幽默。

讲话中夸张也是很常用的。

一个年轻人，脑门特光亮，同事经常拿他那油光可鉴的脑门开玩笑。一次到河北旅游，在抱犊山上他要别人帮他照一张相。同事拿着照相机对着他煞有介事地瞄了好几秒钟，然后放下相机瞪着他的脑门，让他注意到自己看着他的脑门，才说，“照不了，反光太厉害”。

这就是夸张的幽默。讲话中，还会用到排比。排比能给人一种气势，给人一种非听下去不可的感觉。

另外，运用排比应注意两点：一是不要生拉硬凑，表达的内容中有并列的部分才能运用。只从形式考虑，有意铺排，则显得累赘，反而影响表达。二是排比句的分句或词组之间都有一定的逻辑顺序，不能颠倒和错乱。

演讲是一门艺术，具有很高的艺术含量，因而在演讲稿中修辞手法的运用也不仅仅局限于比喻、夸张、排比，还有比拟。比拟具有深刻、形象和幽默诙谐的特点，可以增强语言的表现力和感染力，也能增强语言的抒情色彩和喜剧效果，把精彩的论述与模形拟象的描绘融为一体，既能给人理性上的启迪，又能给人以艺术上的美感。

修辞的运用要与幽默紧密地联系在一起。这就要求我们在平时要加强文学知识和历史知识的学习，掌握一些成语典故、诗词歌赋、名人名句、笑话段子等，这样，不仅可以使你的讲话给人一种知识渊博、水平很高的感觉，还能在其中看到你的幽默风趣。

幽默也有雷区

在脱稿讲话中，适度的幽默可以调节气氛、化解窘境、突出主题，拉近彼此的距离，减少不必要的争论。但是，凡事都有一个度的问题，如果幽默运用得不恰当，轻则可能引起别人的不快，重则可能伤害彼此的感情。因此，幽默一定要掌握好分寸，规避“雷区”。

有一次，一位女同事穿着一身漂亮的新衣服来上班，一位男同事幽默地说：“今天准备出嫁？”这其实是一种夸赞，只不过话说得委婉一点，调侃一点。然而，他的这位女同事却有点神经质。

她闻听此言，怒不可遏，拍案而起：“你骂人！难道我离婚了，难道我丈夫不在了？”接着是一大串谩骂。

这位男士万万没有想到，他颇为得意的幽默竟被人家当成是不堪入耳的污言秽语，结局竟是如此的难堪。他百口难辩，只好道歉了事。每当提及此事他都苦笑不已。

幽默是要挑选对象的，就像音乐是给会欣赏音乐的人听的，绘画是给会品味画的人看的一样，找错了对象的幽默，难免会造成双方的难堪。

同样一个玩笑，能对甲开，不一定能对乙开。人的身份、性格、心情不同，对玩笑的承受能力也不同。一般来说，后辈不宜同前辈开玩笑；下级不宜同上级开玩笑；男性不宜同女性开玩笑。在同辈人之间开玩笑，则要掌握对方的性格特征与情绪信息。和残疾人开玩笑，应注意避讳。每个人都怕别人拿自己的短处开玩笑，残疾人尤其如此。

对方性格外向，能宽容忍耐，玩笑稍微大一些也能得到谅解。对方性格内向，喜欢琢磨言外之意，开玩笑就应慎重。对方尽管平时活泼开朗，但恰好碰上不愉快或伤心事，就不能随便与之开玩笑。相反，对方性格内向，但正好喜事临门，此时与他开个玩笑，效果会出乎意料的好。

因此运用幽默口才时，一般应注意如下问题。

1.夸张失度。朋友相聚、海阔天空可以神聊一番，但与初识之人则不宜大肆渲染、过分夸张，否则对方会认为你浮华不实，阻碍了你的“印象渗透”。

2.讽刺过火，辣味太过。有些人惯于挖苦讽刺别人，他们津津乐道、眉飞色舞是以损害他人自尊心为前提的，这种人必将成为社交中“孤独的牧羊人”。

3.故作幽默。幽默的特征之一是其质朴性。幽默语在心理感觉上应该是轻松明快、自然的。幽默的大敌是做作，矫揉造作永远与美无缘。“幽默是一种优美的健康品质”，高尚的幽默具有很高的美学价值。

4.争强好胜。幽默的目的不是压倒对方。有时会遇上对方是幽默高手，他能妙语连珠、出口成章，这时你千万要保持风度不可兴起竞争之心。遇到这种人你要注意倾听，以观众的身份来观察学习，任由对方得意地发挥幽默，从中学习对方的长处，了解对方的个性，一样能达到拉近距离的目的，还会令对方赏识你。

假如你心中有不平意念，一心只想用幽默来打倒对方，就可能使气氛陷入紧张，引发对方的仇视心理，这是社交场合的致命伤。幽默的目的在于使社交场合气氛融洽，利用笑与对方顺利交流，而不是以打倒对方为目的。

在与人交往中，开个得体的玩笑，可以松弛神经，活跃气氛，创造出一个适于交际的轻松愉快的氛围。因而，诙谐的人常能受到人们的欢迎与喜爱。但是，玩笑开得不好，则适得其反，伤害感情，因此开玩笑要掌握好分寸。

那么，怎样才能把握住适度的分寸呢？

内容要高雅。笑料的内容取决于开玩笑者的思想情趣与文化修养。内容健康、格调高雅的笑料，不仅给对方以启迪和精神享受，也是对自己美好形象的有力塑造。

态度要友善。与人为善，是开玩笑的一个原则。开玩笑的过程，是感情互相交流传递的过程，如果借着开玩笑对别人冷嘲热讽，发泄内心厌恶、不满的感情，那么除非是傻瓜才识不破。也许有些人不如你口齿伶俐，表面上你占到上风，但别人会认为你不能尊重他人，从而不愿与你交往。

行为要适度。开玩笑除了可借助语言外，有时也可以通过行为动作来逗别人发笑。有对小夫妻，感情很好，整天都有开不完的玩笑。一天，丈夫摆弄鸟枪，对准妻子说：“不许动，一动我就打死你！”说着扣动了扳机。结果，妻子被意外打成重伤。可见，玩笑千万不能过度。

活泼但不轻浮。举止活泼，谈吐风趣幽默，往往是人际交往的良好触媒，也是交往深化的催化剂。不过切莫做过了头，否则就难免有不检点、轻慢之嫌。我们的身边可能都有这样的人，他不分场合，不择对象，谈话中一味插科打诨，俏皮话连篇，有时甚至在大庭广众之下，公然呼叫别人的绰号，开一些不适当的玩笑（例如以对方的生理缺陷为目标），不仅引起当事者的反感，连在场的其他人也觉得难堪，不知如何收场。这样怎能收到活跃气氛、融洽关系的预期效果呢？

因而，我们绝对不能把庸俗（甚至是恶俗）当成洒脱幽默，把肉麻当成好玩有趣。否则，这种所谓的“活泼”，就将变成人际交往失败的陷阱。

场合要分清。比如，在庄重严肃的场合不宜开玩笑，否则极易引起误会。

> 如果你要做一个短时间的演讲，那么就试着通过练习控制你的演讲时间，尤其像5分钟工作汇报这样的事。你可以增加或删除内容来让时间变得合适。

【脱稿范例】

尼克·胡哲：不要放弃，希望永远都在（节选）

亲爱的朋友们：

不要放弃，希望永远都在。从我6岁起，父亲就教我如何用脚趾往电脑里输入文字。如今，每分钟我已经可以打43个字母了。我的母亲告诉我，在任何环境下都要微笑。这个世界是公平的，虽然我没有胳膊和双腿，但是上帝绝不会带走我美丽的眼睛。我父母教我不要因没有的生气，反而要为已拥有的感恩。我没有手脚，但我很感恩还有这只“小鸡腿”（左脚掌及相连的两个趾头），我家小狗曾误以为是鸡腿差点吃了它。（大笑）我用这两个宝贵的趾头做很多事，走路、打字、踢球、游泳、弹奏打击乐……我待在水里可以漂起来，因为我身体的80%是肺，“小鸡腿”则像是推进器；因为这两个趾头，我还可以做V字，每次拍照，我都会把它翘起来。

（说着说着，他便翘起他的两个趾头，绽出满脸笑容！）

我喜欢各种新挑战，例如刷牙，我把牙刷放在架子上，然后靠移动嘴巴来刷，有时确实很困难，也很挫败，但我最终解决了这个难题。我们很容易在第一次失败后就决定放弃，生活中有很多我没法改变的障碍，但我学会积极地看待，一次次尝试，永不放弃。如果别人没有给你奇迹，你就去成为奇迹。所以，不要去抱怨自己所没有的，要学会感谢自己所拥有的。

17岁时，我发现自己“特别能说”，萌生了做演讲家的想法，但第一次演讲，打了52家学校的电话都被拒绝，但我绝不放弃，拨打第53家学校的电话时，实现了我的第一次演讲。一个人跌倒了怎么办？站起来。如果我尝试了100次，但都不能起来，是否代表就是个失败者呢？NO。如果我不放弃，我仍然能起来。

（尼克整个身体趴在讲台上，然后用头努力顶着桌子，并用脚将身体撑起来，在大家持续不断的掌声中，他终于直起了身，重新站立起来）

看，跌倒了可以站起来，一次不行可以再次尝试。你每天都会面临选择，可以选择放弃，也可以选择站起来。不要让羞耻感杀害你，不要让歉疚感杀害你，让爱帮助你。没有朋友，去找朋友；没有奇迹，去创造奇迹。你可以跌倒，但你不可以成为一个失败者。

我的乐观源于我的不断尝试，在不断的失败中又不断取得成功，并最终发现自己所具备的潜能。

人生的意义在于发挥最大的潜能，把自己最美的东西呈现给世界。活着，就要面对挫折，但挫折是挑战，是机遇，失败是学习与思考的机会，是接受培训的机会。因此，对待人生的原则是：确立正确的人生观，确立正确的人生宗旨，确立正确的人生结果。

人生中，爱与感恩是最重要的。我们要相信爱是最重要的，要对所拥有的一切感到庆幸和感恩。生命很短暂，但爱可以让短暂的生命永生。我们要爱自己、爱他人、爱世界。

生命是一个不断成熟的过程，有人是显性的残障，有人是隐形的残障。我们要相信，每天向前走一小步就一直可以往前走。我想要说的就是，请不要放弃你自己，也请你们的父母不要放弃，就像我的爸爸妈妈对我一样。所以我想告诉那些残疾人的父母和朋友们，你们要鼓励他们、赞扬他们、肯定他们，要给予他们爱和力量。就像你种花，要浇水，要有好的阳光，种子自然就会从泥土里迸发出来，只要不放弃，希望永远都在！谢谢大家！

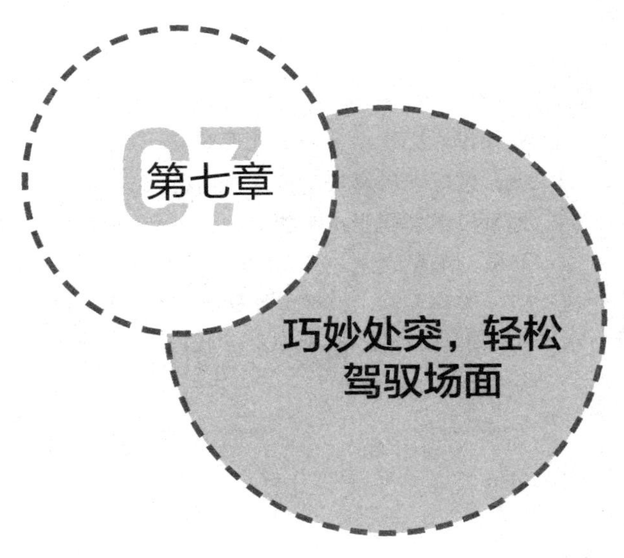

第七章

巧妙处突，轻松驾驭场面

脱稿讲话必须学会巧妙处理突发状况，做好现场调控。在开讲前适当地预设或埋伏一连串能够触发听众想象、情感、意志、经验等的兴奋点，以便张弛有度、擒纵自如地驾驭现场，引导听众，促使其积极参与，从而成功进行演讲。

控制场面，稳住讲台

在现实生活中，我们经常会遇到这样的情况：我们在台上讲得飞沫四溅，下面的听众却交头接耳，根本没在听。有的甚至大声喧哗，让会场成为嘈杂之地。这种状况，不仅会影响我们的状态，也会让我们陷入场面失控的窘境。

作家老舍在一次演讲中是这样说的："听了同志们发言，得到很大好处，可惜前两次没来，损失不小。……今天来的都是专家，我很怕说话，只好乱谈吧。"如此"抑己扬人"的开场白，如此谦逊坦诚的口吻，一下子拉近了演讲者与听众之间的距离，消除了听众对一位名人可能产生的敬畏心理。另外，老舍说自己是"乱谈"，也就表明自己不是居高临下作演讲，而是平等地和大家交流意见罢了。如此平易近人，自然会获取听众的好感，融洽现场的气氛。

一般而言，听众为什么不爱听，就是因为讨厌那些惯于卖弄、喜欢炫耀，总是以自己为中心的演讲者。所以，要想控制场面，稳住讲台，再有名望的人也不能居高临下、颐指气使，只有保持平易谦和的态度才能与听众融为一体。

具体应该如何去控制演讲的场面呢？

娴熟地掌握演讲内容

演讲要求内容丰富、生动、全面、准确，在表达过程中要波澜起伏，跌宕有致，抑扬顿挫，不断调动现场气氛，逐渐在全场形成热烈的场面，使听众全神贯注，心驰神往。这种境界，显然不是照本宣科式的念稿所能达到的。照稿念，演讲者往往会出现顾此失彼的情况。顾了讲稿，顾不了听众，更谈不上用丰富的表情和形象的动作与演讲内容协调配合，演讲自然无法生动形象。这样会使听众无形中降低对演讲者的信任感，降低对演讲的注意力和重视度，造成冷场，甚至是骚动、喝倒彩。如果不想出现以上情况，演讲者要怎么做呢？首先，演讲者要熟悉讲稿，而又不拘泥于讲稿，并且要在演讲中自然地调动听众的情绪，组织几次演讲高潮，像磁石般牢牢地吸引住听众。

演讲者充满激情时，是演讲现场气氛最活跃的时候，也是演讲者与听众感情交流最融洽的时候，是演讲的高潮所在。如果演讲中能做到高潮迭起，演讲者便自然控制了整个现场的气氛。那么演讲者应该怎么组织高潮呢？情是人性的天然表现，演讲者要善于在情的方面调动听众的情绪。

著名演讲家李燕杰在《演讲美学》中写道："一次演讲，怎样达到高潮？这需要演讲者在感情上一步一步地抓住听众，在理论上一步一步地说服听众，在内容上一步一步地吸引听众，使听众的内心激情逐渐地燃烧起来，演讲将自然地被推向高潮。"说得通俗一点就是以情激情，以心换心。

具体而言，就是要适当地预设或埋伏一连串能够触发听众的想象、情感、意志、经验等的兴奋点，以便张弛有度、擒纵自如地驾驭现场，调控听众，更好地进行现场交流。深邃的思想能发人深省，激起听众的积极响应；风趣幽默的语言，能提高听众的兴趣和热情；生动感人的奇闻轶事，可以醒目提神，活跃气氛；新颖广博的知识信息，可以使人耳目一新，精神振奋；精辟的论证，能以其逻辑的严密征服听众；设置悬念与适当提问，则能引起听众的积极思考和兴趣；而真挚热烈的激情迸发，亲切自然的动作，尤能扣人心弦，感人至深。

选择听众喜欢的话题

一般听众对以下几个话题都怀有浓厚的兴趣：

1.事关听众利益的话题。听众最关心涉及切身利益的事情，所以，关系到听众吃、穿、住、行等切身利益的演讲当然会受到欢迎，但高明的演讲者应该具备把间接涉及听众利益的话题转化为与听众直接有关的话题的能力。

2.满足听众优越感的话题。世界上很少有人讨厌被“奉承”。演讲者要尽量多掌握听众的基本情况，以便在演讲过程中穿插一些能满足听众优越感的话题。

3.满足求知欲望的话题。人们对于陌生的知识领域和无限的宇宙、遥远的过去、神秘的未来总是感到迷惘和困惑，总希望掌握各种知识，充实自己和提高自己。这是人类生存的本能需要。

4.娱乐性话题。幽默、笑话、故事穿插于演讲之中或构成一段完整的演讲，在博得听众一笑的同时也征服了听众。娱乐性演讲一般时间较短，且多用于礼仪场合。

5.有关信仰和理想的话题。听众，特别是青年听众，无论古今中外，都不会厌恶对人生的探索，对理想的追求，对事业的开拓等话题。某些有关信仰和理想的演讲之所以不受欢迎，主要是缺乏针对性、现实性和生动性。

6.刺激好奇心的话题。人人都有好奇心，世界趣闻、名人轶事、突发事故、科学幻想、个人经历等，都能激发听众的好奇心。

想提升你的练习效果有一个简单易行的方法，就是把你练习讲话的过程录下来（录像或录音），观看录像或听录音会给你最直接的反馈，能够使你找到自己讲话的风格。

借题发挥，化危为机

在许多公众场合，不论是领导干部，还是一般人员，经常要做脱稿式的即兴演讲。俗话说，言多必失。要讲话，就有可能出现纰漏，从而给演讲带来危机。此时，要想做到临场不乱，侃侃而谈，就必须掌握即兴演讲的一些基本技巧，而这其中，借题发挥不失为一种化危为机的有效手段。

借题发挥，就是把某一场合的主题通过外延扩大或缩小的方式来进行阐述。由近到远，由内到外，由此及彼，借此喻彼，展开联想，深化主题。它的好处在于：可以激发联想，丰富演讲素材，能够保证“有话可讲”或是“有话说不完”。

比方说某地召开企业改革会议，临时请某领导作即席讲话，该领导就可从“改革”入手，通过延伸外延的方式来论述，由当地改革延伸到古今中外改革，把古今的改革成功范例贯穿在讲话中。但需要注意的是不要扯得太远，否则就会漫无边际，离题万里。

懂得借题发挥的概念，还要学会在不同场合下灵活运用。比如在辩论中，对方故意刁难时，你要善于抓住一切机会，接过对方的话题，借助辩论环境中的各种事物、场景加以联想，找到它们与自己所要表达的观点之间的关联性和相似性，抓住一点尽情发挥，引出对方未曾预料到的新思路，从而达到征服对方的目的。这就是借题发挥的辩论技巧。借题发挥运用得好的人，可以借对方的话题来封住对方的嘴巴。

明朝绍兴知府的小公子有一天抢了一个小孩的毽子，把人家惹哭了，刚好徐文长路过，就把毽子从小公子手里夺过来，归还给那个小孩。谁知小公子由于平时娇宠惯了，哪受过这样的气，他一下子大哭大闹起来，还说徐文长欺负他。于是，家丁就把徐文长押上堂去面见知府。知府厉声喝道："你欺侮我的孩子，就是目无本知府，你可知罪？"徐文长冷笑道："据我看，大人您才是不知罪呢！"知府大喝道："我有何罪？"徐文长说："你家小公子一早在踢毽子，大人谅必知道这毽子上有羽毛，下有铜钱，铜钱上印的是嘉靖皇帝年号。小公子如今竟然手提毫毛，脚踢万岁，岂不是欺君罔上？常言道：'子不肖，父之过。'大人又该当何罪？"徐文长这一招果然厉害，他针对知府借题发挥的做法，借来了更大的题——脚踢万岁，来整治知府，使知府无论如何也吃不消如此"大罪"了，不得不赶忙赔笑道："好吧好吧，大家谁也不要为难谁吧！"徐文长这才罢休。临走的时候，知府还客气地亲自把他送出衙门。

论辩双方往往会各不相让，如果不能给对方以有力的打击，自己就会一直处于被动挨打的局面。只有抓住对方话题中的辫子，用犀利的言辞驳斥对方，才能一招制敌。

借题发挥包括借人发挥、借物发挥、借事发挥、借景发挥等。当然，"借"的东西很多，它要求演讲者要善于观察现场，获取信息。

比如，我们可以借一个字来借题发挥。有位同学姓吴，我们可以借"吴"字展开话题。学口才就要向吴同学学习啊，"吴"这个姓好啊，上面是个"口"，我们必须开口，只有嘴巴张开了才能练好口才；下面是个"天"，所以说还要天天开口，必须坚持不懈地练习，这样好口才自然来，而三天打鱼，两天晒网，是练不好口才的。

再如，如果某人名字中有个"富"字，又可以借字发挥。我们要致富，那什么才叫"富"呢，光上面有房屋不行，下面还要有自己的田地，更重要的是要想富必须要有好口才，因为拥有好口才方能做到“富中富”啊！

随时脱稿讲话，关键在于灵活借题发挥，巧妙寻找切入点。成功的演讲者，大都注意从现场挖掘话题，或借场景（天气、标语、画面等）进行“发挥”，或从听众身上（身份、职业、爱好、语言、籍贯等）找“由头”，还有的则以物为“轴”穿起一串“糖葫芦”。恰当地利用当时当地的某些场景、情境来阐发题意，既可让演讲更加诙谐风趣，又可起到生动形象、深化主题的作用。

在演讲中，如果你和颜悦色地用提问的方式代替命令，并给人以维护自尊和荣誉的机会，气氛自然是友好而和谐的，说服也就容易成功；反之，在说服时不尊重他人，摆出一副盛气凌人的架势，那么说服多半是要失败的。

面对争议话题，如何循循善诱

我们经常看到在一些场合，如开会、辩论、谈判等，人们会为了一些事情发生争论。其实人与人之间的讲话，免不了的就是争论，争论也是讲话的一部分，争论用好了是正面的，用不好便不利于讲话继续，那么跟别人起了争执的时候该怎么处理呢?

一般来说，作为随时脱稿讲话者，此时应循循善诱，避实就虚，做好疏导，避免相互之间因此而陷入尴尬，让话题出现偏差。

一次乾隆皇帝与爱臣刘墉在避暑山庄看到了一尊弥勒佛像。忽然，乾隆指着佛像问道:“他为什么对朕笑?”刘墉答道:“皇上是文殊菩萨转世，是当今活佛，佛见佛故笑。”实际上弥勒佛笑口常开，对谁都一样。乾隆如此问，意在难为刘墉。刘墉歪问歪答，机智地回答了乾隆的难题。不料乾隆突然又问:“他为什么对你笑？”刘墉答道:“佛笑臣成不了佛。” 刘墉刚说过，佛见佛故笑。若还这么答，自己也成了佛，与皇上平起平坐，这可是要犯大逆不道之罪的。刘墉这回把“笑”说成是嘲笑，既回答了问题，又不会冒犯皇上。刘墉利用幽默回答使对方的进攻得到化解，摆脱了窘境。

循循善诱，避实就虚是人们在面对不利处境，甚至完全处于被动时常用的一种“战术”。当形势对己方不利时，如果继续与对方在原来的话题上纠缠，将会更加被动。这时应逃避战场，重心转移，就可以使形势立即转化。

循循善诱，避实就虚不仅是一种战术，而且也是人们在辩论中经常采用的手段。

美国的林肯总统一次在演讲时收到了一张纸条。林肯打开一看，上面只有两个字：“傻瓜”。林肯沉默了片刻，随即镇定地说：“本总统收到许多匿名信，全部只有正文，不见署名。而今天正好反了，刚才这位先生只署上了自己的名字，却忘了给我写信。”

幽默与激愤本不相容，林肯面对恶毒的谩骂，能抑制自己，并从愤怒中超脱出来，利用循循善诱、避实就虚的方法有力地回击了对方。他的幽默不仅讽刺了那位谩骂他的人，而且维护了自己的自尊和人格。

总体来说，争论是有用处的，争论能促进问题的解决，但是争论其实也反映了某个问题还没有解决。在古代，人们会对日食月食发生争论，对天气发生争论，对星星发生争论，但是这些争论大多数都是出于猜测，而不是建立在客观数据和严格论证上的科学推理。

我们目前的争论的发生，其实与历史上的那些争论有着相似的特点，那就是资料的难以取得和理论的缺失。

在脱稿讲话中如果发生争论，要让对方说下去，而不是一味地争论。通过循循善诱式引导，让说话的语境朝有利于双方的方向发展。

当然，如果面对一个专横的人，或有理说不清的人，你也可以保持沉默，以退为进。如果面对不明道理、有意不买账的人，就不要做过多的争论，因为你说什么他也听不进去，不如让时间、事实去说明。

另外，如果你想要打破僵局，维持理想的谈话气氛，那就要在争论的问题无法解决时，适当转移话题，避免触礁冷场。转移话题表明你既不计较，也不认输，更显示你的敏锐和大度。

面对争议，循循善诱的方法确实很多，只要我们把握时机，该退则退，该进则进。既不一味退让，也不咄咄逼人，就可以避免不必要的争论发生。

双关语的妙用宝典

唐代诗人李商隐的《无题》里所写的“春蚕到死丝方尽，蜡炬成灰泪始干”，其中的“丝”也可理解成“思”。其实，这是古汉语中比较常见的修辞手法——双关语。作为最常见的修辞手法之一，双关语被广泛应用于日常生活中。

人们用双关语来充实语言，使话语幽默且具吸引力。

明代才子唐寅和朋友陈伯阳到郊外游玩，唐出了句上联“眼前一簇园林，谁家庄子”，请陈对答。这句上联的前一分句写的是眼前景色，后一分句用设问说这是谁家的庄子？含有惊叹之意。而《庄子》又是书名，一语双关，给对子增添了难度。

陈伯阳一时对不出，到了酒店，见墙上写的“杜康传技，太白遗风”时，才有所悟，对出下联：“壁上两行文字，哪个汉书”。下联前一分句也用疑问语气问道，这是哪个汉子书写的！也含赞叹之义，而《汉书》也是书名，同样一语双关。联句构思巧妙在于一语双关，使其耐人寻味。

这则故事中唐寅和陈伯阳恰当地运用双关短语，使联句生动活泼，风趣幽默，出其不意，甚至让人发出惊叹，以致过目不忘，体现了双关语修辞的魅力。

在平时的脱稿讲话中，双关语的妙用无处不在，下面这些，完全可以作为应用宝典。

1.用双关语表白——含蓄。

1949年国共谈判时，毛泽东接见了国民党代表刘斐先生。刘斐忐忑不安，不知如何开口。毛泽东主动与他拉起了家常话，然后才谈共同关心的事。刘斐对和谈的前途尚有疑虑，就试探性地问毛泽东："您会打麻将吗？"毛泽东回答："晓得些，晓得些。""您爱打清一色呢，还是爱打平和？"毛泽东听出话中之意，就笑言道："平和，平和。只要和了就行了。"寓意深长的一番话，使刘斐先生疑虑顿释。

2.用双关语回击——委婉。

有一老人妻亡后续弦一少女，比儿子还要小十岁。谁知其子暴病而死，老人请来先生、和尚、道士、裁缝等为其子超度亡魂。他们见到那美丽的小女子，便带着挑逗的口吻议论："其子倒比娘大，做'母亲'的将怎么开口哭呢？"此话被"母亲"听到了，她便大声"痛哭"地说："儿啊！苦命的儿啊！娘未生啦，先生我的儿啊(骂先生)；娘未死啊，倒死我的儿啊(骂道士)；说是我的儿啊，何尝是我的儿呢(骂和尚)；想见我的儿啊，只有黄泉路上才逢我的儿啊(骂裁缝)。"被请来的先生、和尚、道士和裁缝听出她一语双关哭骂他们后，钱都未要，灰溜溜地逃走了。

3.用双关语解围——轻松。

在一次新婚典礼上，贴在堂上的"囍"字突然从墙上飘了下来，刚好落在新婚人的头上。顿时，喜堂上的宾客为之一愣，大家脸上的笑容立即消失，取而代之的是满脸的不快。还是那主持婚礼的小伙子头脑机敏，立即揭起"囍"字高声地说道："哎呀，各位亲朋好友，你们看喜从天降，喜上眉梢，双喜临'人'啦！"顷刻间，喜堂欢声雷动，一对新人的脸上充满笑意，充满阳光。

4.用双关语暗示——隐晦。

奸臣严嵩夜写奏章，编造罗先洪的罪名，准备早朝时在皇帝面前说他的坏话。此事被他女儿发现了，认为爹爹整公公不该，便让丫鬟给公公送一杯茶，再三嘱咐要让在严嵩家中的公公体会茶的意思。罗先洪见儿媳派丫鬟送茶，心里已是疑惑。打开茶碗一看，只见水面上浮着两颗红枣和一撮茴香，更是生疑。他顿时悟出它的含义来，莫不是儿媳已经得到信息，暗示我早(枣)早(枣)回(茴)乡(香)，逃离这是非之地。于是，罗先洪于第二天拂晓骑着快马，急奔故乡。严嵩见亲家已走，也只得作罢。

5.用双关语开导——深刻。

一位老父亲问他那漂亮的女儿为何还不结婚，女儿告诉他，她曾有好几个男朋友，但都不能使她称心如意，想再等一等，挑一挑。老父亲警告女儿要抓紧点，当心做一辈子老姑娘。漂亮的女儿满不在乎地说:“放心吧，爸爸，大海里的鱼多着呢！”“是啊，我的孩子，”老父亲笑了笑说，“可钓饵放久了就没味了！”女儿听了为之一震，陷入了深深的思考。

6.用双关语讥讽——辛辣。

1945年9月，周恩来随毛泽东到重庆与国民党进行和平谈判。一天，谈判休息时蒋介石邀请周恩来对弈。开局，蒋介石使出他的拿手好戏“大炮攻势”。当头炮、沉底炮频频进攻，取得了一时的优势局面。周恩来沉着应战，车马并进，很快化险为夷。进入中局，蒋介石丢马损炮进攻受阻，只得转入被动防御。此时，周恩来稳步推进，很快兵临城下，蒋介石舍车保帅，以图拼子求和，但未能挽回败局，受困败北。结局之后，周恩来笑着对蒋介石说:“蒋先生的

‘大炮攻势’很见功力，只是太轻视了我的过河卒子，最后失败也是难免的。”蒋介石尴尬地说：“周先生技高一筹，技高一筹。”

巧妙运用双关可以让我们出口成章，让听众回味无穷。双关是一种重要的技巧，希望大家活学活用，练就超凡口才！

> 双关，顾名思义，就是在特定的语言环境中，用一种语言形式表达出一明一暗双重意义的讲话形式。它简洁凝练、新颖别致、雅俗共赏且生动有趣，具有特殊的感染力，能在瞬间引发听众的共鸣，刺激其接听欲望，因此在随时脱稿讲话中被广泛运用，成为讲话者提高演讲质量的法宝。

多些自嘲，少些挤对

讲话的场景千变万化，如在交谈中，当对方有意无意地触犯了你，把你置身于尴尬境地时；或者当你遭人挤对，又无法脱身时，我们都可以借助自我解嘲的办法使自己摆脱窘境，这样别人反而会被你的自信所折服。挤对别人是一种很不好的讲话习惯，长期如此，就会跟含沙射影和暗箭伤人一样，令人敬而远之，甚至厌恶。所以，我们在遭遇挤对时，完全可以急中生智，一笑了之。这既反映出你的大度，也展示出你的应变能力。

体检的时候，A说：湖人（NBA）领先了。B说：我回家能看第4节。A说：体检这么多人，除非打5个加时，你才能回家看到比赛。C也随声附和。B当时心里想：他们又挤对我。结果B回家后打开电视，第3节都没结束。

B虽然受到他人的挤对，但只是笑笑，并未进行争执。

应变能力在讲话过程中显得尤为重要，很多时候“急智”常常能在“山穷水尽”之际，助你摆脱困境，柳暗花明。

20世纪50年代初，美国总统杜鲁门会见十分傲慢的麦克阿瑟将军。会见中，麦克阿瑟拿出烟斗，装上烟丝，把烟斗叼在嘴里，取下火柴。当他准备划燃火柴时，才停下来对杜鲁门说：“抽烟，你不会介意吧？”显然，这不是真心征求意见，在他已经做好抽烟准备的情况下，如果对方说他介意，那就会显得粗鲁和霸道。这种缺少礼貌的傲慢言行使杜鲁门有些难堪。然而，他看了麦克阿瑟一眼，自嘲道：“抽吧，将军。别人喷到我脸上的烟雾，要比喷在任何一个美国人脸上的烟雾都多。”

由此可见，当令人难堪的现实已经发生，运用自嘲，能使你的自尊心通过自我排解的方式受到保护，并且，还能体现出说者的大度胸怀。当人们因为某些事不尽如人意而烦恼苦闷，又不愿说出去惹人笑话时，运用自嘲，既可宽慰自己，又能避免别人笑话，可谓一举两得。置身于难堪境地时，如果过分掩饰自己的失态，反而会弄巧成拙，使自己越发尴尬。如果以漫不经心、自我解嘲的口吻说几句取悦于人的话，则可以活跃气氛，消除尴尬。

美国作家杰斯塔东是个大胖子，行动起来，是“路也走不动，山也不能爬”。他却不以胖为耻。有次他对朋友自嘲说：“我是个比别人亲切三倍的男人，每当我在车上让座给妇人时，我的一个座位足可以让三个妇人坐下。”

自嘲用得好，可以使讲话平添风采。如果用不好，会使对方反感，造成交谈障碍。因此自嘲要审时度势，相机而用，不宜到处乱用。比如，对话答辩、座谈讨论、调查访问等，就不宜使用自嘲。此外，自嘲要避免采取玩世不恭的态度，积极的自嘲包含着自嘲者强烈的自尊心、自爱。自嘲不过是他采取的一种貌似消极、实为积极的促使交涉谈话向好的方向转化的手段而已。

在一次舞会上，一个个头偏矮的男子，去邀请一位身材高挑的女孩跳舞，那女孩礼貌地拒绝说：“我从不与比我矮的男人跳舞。”男人听了没有发火，也没有指责对方，而是淡淡一笑，自嘲地说：“我真是武大郎开店，找错了帮手！”

那女孩听后脸红耳赤，反而不自然起来。自嘲，使那位男士走出窘境，保持了心境的平衡，而且还把尴尬还给了那个伤害自己的女孩。

当你的话语遭到别人的嘲笑时，当你无端受到别人的话语攻击时，何不采用阿Q的精神胜利法，用“吃亏是福”“破财免灾”等思考方式调节一下你失衡的心理呢？在一些非原则问题上，可以装装糊涂，为演讲增加一层保护膜。

多些自嘲，是宣泄积郁；少些挤对，是营造快乐氛围。学会这一多一少，你就会拥有一个平稳的心态，一个脱稿讲话的良好基础。

【脱稿范例】

埃米林·潘克赫斯特：自由或死亡（节选）

今天我到这里来，不是为了宣传，因为不论争取妇女参政权的运动在美国居于何等地位，这个运动在英国已经超出了宣传的范围而进入了实际政治活动的阶段。它已成为革命和内战的主题，所以我今晚不是来宣传妇女参政权的。在美国争取妇女参政权的人能很好地开展她们自己的工作。我是作为一个为了解释妇女所发动的内战是什么样子——对这一点还得进行解释，这看来似乎很奇怪——而暂时离开战场的士兵来到这里的。

我不仅是作为一名暂时离开战场的士兵来到这里，而且——我认为这是我此行的最奇怪的方面——是作为一个被自己国家的法庭判定为对社会毫无价值的人而来参加这个集会的；由于我的活动，我被认定为危险人物，被判处在已决犯监狱中服苦役刑。所以，你们看，听这样一个不寻常的人向你们讲话是有一种特殊兴味的。我敢说，在你们许多人心目中——你们或许会原谅我这种个人的风格——看起来，我既不很像士兵，又不很像已决犯，可是事实上我是集这二者于一身的。

探究妇女采取战斗性方法的经过需要用很长的时间，因为第一次用“战斗”一词来说明我们的活动是在八年以前，妇女第一次采取战斗行动已经八年了。其实，这种活动，除了激起那些反对它的人的战斗性外，根本不是好斗的。

妇女在政治集会上提出的问题没有得到答复，可她们没有采取任何激烈行动。人们公认，在政治集会上提出问题是所有参加公共集会的人的权利；在我自己的国家里，男人们是经常那样做的，我希望他们在美国也那样做，因为，在我看来，如果你们让某些人进入立法机构而不问他们在那里将做些什么，你们就没有行使和履行公民应有的权利和应尽的义务。

……

对争取妇女参政权持反对态度的人或持批评意见的人的全部论点只是：你可以统治别人而不必得到他们的同意。这些人对我们说："政府建立在力量的基础上，妇女没有力量，她们必须屈服。"那么，我们却向他们表明：政府根本不是建立在力量的基础之上，而是建立在意见一致的基础上。只要妇女同意接受不公正的统治，她们就会受到不公正的统治；但是妇女们直截了当地宣称："我们保留我们的意见，只要政府是不公正的，我们就不会接受它的统治。"你们不能依仗打内战的武力去统治异常软弱无力的妇女。你可以杀掉一个妇女，她倒因此可以摆脱你，但你仍不能统治她。我认为，这就是我们一直在向世界表明的最重要的一点。

现在，我要对那些认为妇女不会成功的人说，我们已迫使英国政府面对这样的选择：或者是妇女们被杀掉，或者是妇女们得到选举权。我要问这个集会上的美国男人：如果在你们国家里，你们面对着或者把妇女杀掉或者给她们以公民权的选择，你将怎么说？妇女中的许多人是你们所敬重的，你们知道她们中许多人的生平事迹是值得称颂的，你们知道——即使不是你们个人所认识的——妇女中有许多人为崇高的动机所激励，追求自由，力求获得为公众提供有益服务的力量。那么，对这个选择只有一个答案；如果你无意于使文明倒退两三代，那就只有一条出路：你必须给妇女以选举权。这就是我们的内战的结局。

你们在独立战争中，通过流血和牺牲生命，在美洲赢得了自由。在你们决心解放黑奴时，你们通过牺牲生命打赢了内战。你们把妇女自救的工作留给了你们国家的妇女，一切文明国家的男人都把这件工作留给了妇女。这也就是我们英国妇女正在做的工作。生命对我们是神圣的，但我们说如果将有什么人牺牲生命，那就将是我们；我们自己不愿那么做，但我们将使敌人处于这样的境地：他们必须在给我们以自由或给我们以死亡这二者中做出抉择。

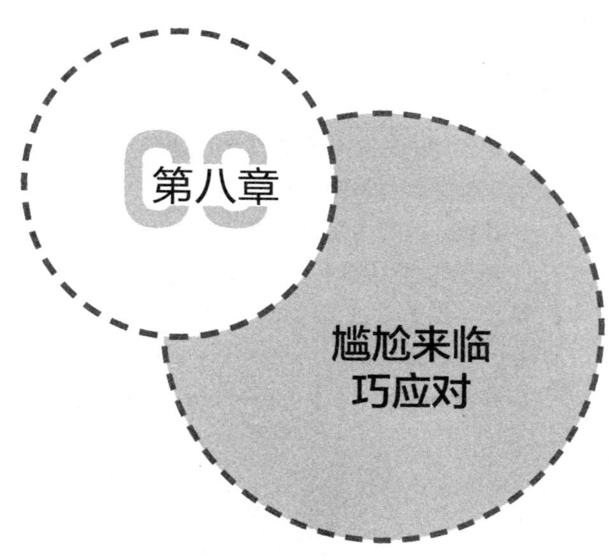

第八章

尴尬来临巧应对

脱稿讲话时，难免会遇到尴尬的场面。处理不好，除了直接影响讲话的效果，也会为更进一步地说服别人埋下隐患。这时，就需要我们调动所学过的口语交际知识，随机应变，化尴尬为融洽。

口误引来尴尬咋办

脱稿讲话是一种完全没有准备或准备时间极少的讲话形式，所以，不管你是新手还是老手，讲错话从而引来尴尬常常是难以避免的。

美国民主党总统候选人希拉里·克林顿依靠演讲年入数百万美元，可惜，这位政坛女人却在演讲中口误连连，甚至把竞争对手、刚当上美国总统的唐纳德·特朗普误称作“我的丈夫”，引得在场观众掩嘴偷笑。

当时，希拉里受邀到华盛顿发表演讲，她面对的观众是一群职业新闻工作者——美国国家黑人记者协会和美国国家拉美裔记者协会成员。演讲中，素来严肃谨慎的希拉里讲：“我希望你们把我提出的执政纲领同我的丈夫……哦，不对，我的对手谈论的内容进行对比。”

现场的记者们很快意识到希拉里出现了口误，把大选竞争对手特朗普错说成了“我的丈夫”，大家忍不住掩嘴偷笑，会场响起一阵窸窸窣窣的轻笑声。希拉里也露出尴尬的表情。

遇上这种情况我们应该怎么办呢？这就需要掌握和运用一些补救的技巧。

将错就错

用一番戏言来进行解说。运用这种幽默风趣的表达方式，既可以轻松地补救失误，又能够活跃演讲的现场气氛，何乐而不为呢？

南方某大学举行建校80周年校庆活动，一位外校的校长，作为特邀嘉宾，在庆祝大会上代表来宾即兴演讲。他走上讲台，一开口就这样讲道：“今天是贵校建校80周年校庆的大喜日子，我代表学校……”话音未落，他就意识到自己讲错了，于是道歉道：“对不起，我说错了，在这个讲台上，我只能代表来宾说几句话。倘若代表学校，岂不是反客为主了吗？是啊，我是校长，经常在会议上代表学校讲话，代表成习惯了，所以刚才就代表错了。看来，一个人无论在什么样的场合讲话，都不要忘记自己的身份和角色。否则，就会像我一样闹出笑话。我由此而想到，习惯性的思维定式真是害人不浅啊！突破定式，勇于创新，不正是贵校一直坚持的办学思路吗？”

妙语辩错

当你在脱稿讲话中觉察自己讲错话的时候，先镇定下来，再针对错话，巧妙地进行一番辩析。只要能够自圆其说，不仅可以使听众谅解你的失误，而且能够让大家感受到你的机智和灵敏，从而产生独特的现场效应。

一个地级市演讲与口才协会举办为期两个月的演讲培训课程。培训过程中，老师要求学员围绕“如何提高口语表达能力”这一话题发表即兴演讲。一位学员上台，发表了一番演讲，其结尾部分有这样一句话：“同学们，还有一个月我们就要结业了……”一听这话，全体学员都笑了起来。他马上意识到自己把时间讲错了，赶紧不慌不忙地解释道：“我知道还有两个月才结业。我之所以说成一个月，是希望同学们和我一道，把两个月的学习时间当作一个月来珍惜。这样，我们心中就时刻会有一种紧迫感，大家更会抓紧时间，努力学习，提高口语表达能力。大家说，是吗？”学员们高声回答：

“是！”随即一起鼓起掌来。这位演讲者的一番辩析，妙就妙在他在时间的长短上巧做文章，即兴发挥，居然把出现口误的尴尬转化成了听众赞同的掌声。

实话纠错

当你在脱稿讲话中觉察自己讲错话的时候，可以用事实说明，进行补救。

在一次演讲比赛中，中文系傅同学抽到的演讲题目是“坚强”。他一开口就这样讲道：“大家知道，2008 年 5 月 12 日 14 点 28 分，在四川省汶川地区发生了 7.8 级强烈地震……”话音未落，场下就有人高喊：“错了，是 8 级特大地震！”这一喊，使傅同学卡了壳，但随后，他立即承接台下同学的喊话，镇定地讲：“这位同学说得很对，应该是 8 级特大地震。地震发生的时候，权威机构向公众发布的震级是 7.8 级，后来经过精密测定，修正为 8 级。谢谢指正！”这么讲不仅符合客观实际，而且随机纠正了错误，现场听众也会为你坦诚的态度叫好。

反问补错

当你讲错一句话并马上意识到错误的时候，紧接着用一个反问句进行否定，从而不露痕迹地达到补救目的。

某公司新员工庞冠成在公司举行的演讲比赛中，根据规定，发表了题为“员工不是扑克牌”的演讲。在演讲中，当“员工是可以由老板任意掌控和摆弄的扑克牌……”这句话一出口，他马上意识到讲漏了“是”字前面的“不”字。要知道，一字之差，意思就完全反了。怎么办？他急中生智，赶紧纠正道：“难道不是许多公司老板的错误看法吗？”一个反问句，就这样顺理成章地补救了自己的口误，让在场的听众丝毫都没有觉察出来。

口误不可避免，关键在于总结和研究口误的补救方法，这是随时脱稿讲话的客观要求。在具体的演说实践中，只要头脑清醒、观察敏锐、判断正确、处理及时、方法灵活，演讲者就可以成功地从口误的窘境中摆脱出来。

反驳一定要抓准时机

随时脱稿讲话不一定总是你讲别人听，有时也会是激烈的辩论。在这种场景下，控制辩论局势，合理开口，抓准反驳时机就显得尤为重要了。

论坛即战场，气氛紧张，牵一发而动全身。参与辩论的双方宛如两军对垒，唇枪舌剑，在你来我往中充分表现出辩论者的勇气和智慧。但是，“智者千虑，必有一失”，在唇枪舌剑、风云变幻的辩论中，辩论的一方或双方难免会出现一些失误。因此，机敏地捕捉战机，利用对方的失误，出其不意地进攻，是反驳取得成功的关键所在。

这天，张辉和他的好友何军一起咏读千古名篇《滕王阁序》，当他们读到“落霞与孤鹜齐飞，秋水共长天一色”的时候，禁不住拍案叫绝。后来，何军叹惜说：“王勃这样的一代才子，可惜20来岁就遇难了，智力早熟的人都是早亡的呵！”“怎么，智力早熟的人都是早亡的？”张辉颇有怀疑地问道。

“是的，所有智力早熟的人都是早亡的。”何军再次肯定地回答。

“不对，很多智力早熟的人就不是早亡的。例如，比王勃不过晚100多年的白居易，9岁就通声律，却活到了74岁。控制论的创始人诺伯特·维纳，10岁入大学，14岁就毕业于哈佛大学，也活到了70岁。他们不都是智力早熟的人吗？但他们并不都是早亡的呀！”张辉为自己的论点进行了论证。

在事实面前，何军承认了自己观点的错误。他的逻辑错误是显而易见的，即大前提“智力早熟的人都早亡”是假的，导致了整个推理的错误。

人的思维是客观世界的反映，客观世界的发展是有其自身规律的。无论我们是写文章、发表演说，还是争辩问题，都离不开逻辑推理。因此，捕捉对方逻辑上的错误，也是进攻的良机。上例中的张辉就较好地捕捉到了何军的逻辑错误，从而一举占得先机。

一个药剂师走进邻居书商的铺子里，从书架上拿下一本书，问道：“这本书有趣吗？”

“不知道，没读过。”

“你怎么能卖你自己未读过的书呢？”

“难道你能把你药房里的药都尝一遍吗？”

书商的这一反问使药剂师哑口无言。

书商采用的正是归谬反驳。假定你说的是对的，一个书商不能卖连自己都没读过的书，那么同理，一个药剂师也不能卖自己都没有尝过的药，这一结论岂不荒谬。

辩论是智慧的较量。一个机敏的辩论者，总是能够在任何情况下都保持清醒的头脑，一俟战机出现，便做出最迅速的反应，使对方陷于被动，溃不成军。巧捕战机，需要论辩者具有非凡的洞察力。根据辩论过程中常有的失误情况，有利的战机可以从以下两个方面来捕捉。

认识上的错误。大千世界，芸芸众生，由于先天或后天的原因，理论或实践的原因，人们不可能总是思想统一，认识一致。人类这种认识上的差异，在论辩中的表现便是激烈的思想交锋，利用认识上的失误进行反驳是辩论成功的最佳战机。

表达上的错误。这里，我们有必要先解释一下表达的含义。凡用语言把思想“表之于外，达及他人”的，就叫表达，辩论也是表达思想的一种形式。在紧张的辩论中，对方往往会出现“急不择语”，或“择语不慎”的情况。对方表达上的失误，也是反击的好机会。

反驳时机及其技巧还有很多，总的来说，在辩论中，对方的论点、论据、论证方式都可以成为我们选择的最有利的突破口，因此，我们必须记住：

第一，选择最有利的突破口时，必须做到有理、有利，善于组织合理的进攻。在反驳中，根据需要与可能，采取一种或多种方式进行。驳倒对方的论据或论证，并不等于驳倒了对方的论点。事实上，在论据虚假或未经验证的情况下，论点却有可能是真的。因为，要注意反驳的严密性、科学性。只有站在进可攻、退可守的地位，才能更有效地制服对方。

第二，反驳是通过推理来实现的，所以，也必须遵守推理的规则。严格遵守逻辑推理原则，一是被反驳的论点、论据和论证过程，必须确定是对方的思想；二是在反驳的过程中，反驳的对象必须确定，不得偷换，否则，会抓不住关键，贻误战机。

从一定意义上说，善于捕捉反驳的战机是一个雄辩者敏捷和能力的综合，而这种有机的综合，正是我们取得辩论成功的关键，也是衡量是否具有现代人素质的一个重要标志。谁能在辩论过程中及时捕捉到对方的错误并进行反驳，谁就能在辩论中轻松自如，游刃有余。

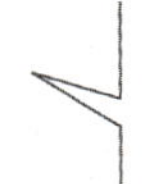

如何选择最有利的突破口是反驳成功的前提。对我们来说，学会了怎样选择最有利的突破口，反驳就等于成功了一半，至于怎样反驳，还需要在实战中锻炼。

表达不满，含蓄至上

随时脱稿讲话，特别是在辩论、谈判、洽谈等情况下，难免会遇到自己不满意，或者与自己的目标、要求相差较大的时候。对于不如心意，不合条件的不满，应该怎么表达，特别是对于一些非原则性的问题，怎么做到既能表达出对对方的不满，又不至于破坏和谐的人际关系，这里是有一定学问的。

怎么办？一句话，从大局出发，含蓄至上。这是相互交流的需要，也是达成目的的有效手段和方式。

商伟公司的经理在一次业务谈判中，受到了罗德公司工作人员的顶撞。他气冲冲地给罗德公司的经理打电话说："如果你们不向我保证，撤销上次那个蛮横无理的工作人员的职务，那么，显然是没有和我公司达成协议的诚意。"

罗德公司的经理听了微微一笑说："经理先生，对于工作人员的态度问题，是批评教育还是撤职处理，完全是我们公司的内部事务，无需向贵公司作什么保证。这就同我们并不要求你们的董事会一定要撤换与我公司工作人员有过冲突的经理的职务，才算是你们具有与我们达成协议的诚意一样。"

商伟公司的经理顿时哑口无言。在这里，罗德公司的经理就很好地使用了类比的技巧。虽然说商伟、罗德两公司有很多不同之处，但有一点却是相似的，即商伟、罗德两公司对工作人员或经理的处分完全是各公司内部的事务，与对对方有没有诚意无关。

罗德公司的经理就是抓住了这一相似点作比，从而警告对方所提要求的过分和无理，表达了对态度蛮横的商伟公司经理的不满。需要说明的是：虽然这种技巧表达不满的语气也较明显，但它毕竟不像“直言相告”技巧方式那样带有警告的成分，所以称之为“含蓄警告”。

如何表达不满在很多情况下确实是不太容易。要想成功地表达自己的意图，可以针对实际情况，灵活对待；或用幽默的话语转移话题，制造轻松气氛；或指出各方观点的合理性，强调尴尬事件也有其合理性；或故意歪曲对方话里的意思，而做出双方都能接受的解释；或肯定双方看法的合理性，找到双方都能接受的解决方法。具体来讲，生活中处理这类问题大多采用以下三种技巧：

第一，旁敲侧击。即不作直言相告，而是从侧面委婉地点拨对方，使其明白自己的不满，打消失当的念头。这一技巧通常借助于问句的形式表达出来。

第二，和稀泥、抹糨糊。幽默是人际交往的润滑剂，一句幽默的话能使人们在笑声中相互谅解，心情愉悦。当遇到窘境或尴尬时，我们可以通过幽默的解说将其诙谐化，把搞僵的场面激活，将尴尬化解。为了缓解这种局面，我们还可以采用故意“误会”的办法，装作不明白或故意不理睬他们言语行为的真实含义，从善意的角度来做出有利于化解尴尬局面的解释，即对该事件加以善意的曲解，将局面朝有利缓解的方向引导转化。善意的曲解并不是单纯的和稀泥、抹糨糊，而是弥补别人一时的疏忽，消解别人心中的误解和不快，保证人际交往的正常进行，因而是一种很有效也很有必要的交际手段。

第三，找个借口，给对方台阶下。有些人之所以在交际活动中陷入窘境，常常是因为他们在特定的场合做出了不合时宜或不合情理的行为，造成整个局面的尴尬和难堪。在这种情形下，最行之有效的打圆场的方法，莫过于换一个角度或找一个借口，以合情合理的解释来证明对方有悖常理的举动在此情此景中是正当的、无可厚非的和合理的，这样一来，对方的尴尬就解除了，正常的人际关系也能得以继续下去了。

表达不满不是一种天赋的才能，它也是靠实践得来的。我们应在重视含蓄的作用下，讲究“说”的艺术。在日常生活中，注意学习与积累，针对不同的场合和对象，选用最得体、最恰当的语言来表情达意，力争获得最佳的表达效果。

转换话题，巧解尴尬

在脱稿讲话中，我们难免会遇到尴尬的场面。有的人面对突然出现的尴尬，缺少转换化解之术，只会硬着头皮被动接受，这样做除了让自己难堪外，还容易给人留下笑柄；而有的人却能轻描淡写地通过转换话题进而迅速化被动为主动，不但使自己或他人迅速走出尴尬，其机敏的反应和巧妙的用语还能赢来他人的掌声与喝彩。

著名诗人莫非应邀到首都师范大学中文系作家班举行学术讲座。诗人讲到自己的诗作时，准备朗诵一段，可诗稿却放在一个学员的课桌上，诗人便走下讲台去拿。由于是阶梯式教室，诗人上台阶时，一不留神跌倒在台阶上，学员们顿时大笑起来。

诗人稳住身子，面对学员，指着台阶说："你们看，上升一个台阶多么不易，生活是这样，作诗亦如此。"

这一哲理性的话语顿时赢得了热烈的掌声。诗人笑了笑，接着说："一次不成功不要紧，再努力！"说着，装着用力的样子走上讲台，继续自己的讲座。面对尴尬，诗人从容不迫、不着痕迹地利用"上台阶摔倒""用力的样子走上讲台"等情景将话题引向自己所讲的内容，巧妙地转移了学员的注意力，得以顺利地继续自己的讲座。

脱稿讲话是一项技术性很强的活动，也为讲话者的失误和遭遇尴尬埋下了伏笔。为此，我们应该学会摆脱这种不利处境的方法，明白自己该在什么时候转换话题，或者在别人啰唆时，自己如何转换话题。

要做到这一点，首先必须清楚，一个人如果对你的谈话很感兴趣的话，一般有哪些表现：听者身体稍微弯曲向前，张大眼睛，精神饱满，眉向上升，保持微笑，时不时做出开口吃惊的表情，或使眼色等。还有就是用声音表达，时不时会有一些简单的话脱口而出，如“好好玩啊！”“真的是那样？”“我也这么认为”……

相反，听者如果出现以下一些“症状”，你就得及时转换话题了。首先是谈话时，对方不负责任地“嗯”个不停，不表态，也不提任何问题，或直打哈欠，那么，十有八九说明他正烦着呢。其次，如果对某一问题研究或争论太久而没结果，就该知趣地打住，不能再继续下去了。最后，对方如果不停地喝水，或用手捂着嘴巴，双手抱着胳膊，或有身体往后靠等动作出现，也说明他对你的话题不感兴趣。

由己及人，如果别人说话你不感兴趣，又该如何“正确引导”，转换话题呢？

第一，开个玩笑，让大伙在笑中分散注意力。

吴光在某省煤矿疗养院心理治疗中心担任客串医生期间，常有一个无聊的太太来找他大谈她家的狗。有一次，她又兴高采烈地谈她的宝贝如何有修养，这时，吴光赶紧说：“有一只动物只有狗那么大，可是面貌长得像牛，这是什么动物？”于是大伙都七嘴八舌地猜起来，最后吴光说：“这只动物就是小牛！”大伙大笑，那位太太也忘了自己想谈什么了。

第二，打断他，又给他面子。

在一次私人舞会上，一个男孩子一直缠着女孩娇娇，老是吹他家如何有钱有势，还热情地说：“我们约个时间，去‘廊桥咖啡厅’坐坐好吗？”这要求提了5次之后，娇娇只好幽默而得体地说：

“这个星期六，哦，不行，我没时间，我要去登记结婚。星期天可以吗？”

这时，对方只好顺着台阶下来：“哈哈，你比我更会开玩笑！”之后，只好改口说正经话题。

第三，找个过渡句。表面上是肯定对方，实际上是要对方打住。对方一听到这话时，也能明白其中的含义，一般也不会再“控诉”下去。

有一个从事推销业务的公司员工，常碰到一些客户十分啰唆，长篇大论地说公司的产品如何不好，这时，他总有一句话适时出口，这就是：“你说得对！”

第四，结束语。

一次，台湾影视大明星马景涛接受一些记者采访，有人一直追问一些绯闻，以及他的情感生活。这时，马景涛有点沉不住气，但马上又笑着说：“总而言之，我是个多情种，因为我的生日是2月14日，情人节生的。”

至于他的生日是否真的为2月14日，这不重要，重要的是，他堵住了大家的嘴，因为他已“结束”了这次谈话。

> 随时脱稿讲话是门艺术，做得好趣味无穷。说与不说，听与不听，如何表达，如何体现，这都是有学问的，尤其是转换话题，化解尴尬。

调侃＋玩笑＝治愈尴尬

调侃和玩笑一直被人们称为只有聪明人才能驾驭的语言艺术，而用这两种方法化解尴尬又被称为脱稿讲话的最高境界。由此可见，能调侃，会讲笑话的人必定是智者中的智者，高手中的高手。

调侃和在大众面前说笑话是缺乏自信者不敢使用的技术，因为它需要灵活反应，有时还要拿自身的失误、不足，甚至是生理缺陷来“开涮”，对丑处、羞处不但不予遮掩、躲避，反而把它放大、夸张、剖析，然后巧妙地引申发挥、自圆其说，博得一笑。

有位老学者曾做过这样的调侃：我今年93岁，须发全白，是个“皓首匹夫”；齿牙已经全部脱落，是个地道的“无耻（齿）之徒”；老伴早逝，一人独居，是个“独夫”；身患心脏病，时好时坏，是个“坏良心”；年老体衰，骨头缺钙，属于“软骨头”；每早吃稀粥、腐乳，可谓“生活腐化”；午饭喜吃红烧肉，古人云：“食肉者鄙”，照此说来，我又是一个“鄙夫”；我一辈子执教鞭，又常参加社会活动，兼写文章，是个“不务正业”之徒；家中各种新颖用具一概不懂用，是个“笨伯”；常言道：“老而不死是为贼”，我年届耄耋，当然是个十足道地的“老贼”了……

这种系列式调侃与笑话，文雅诙谑，别出心裁，妙趣横生，令人捧腹，具有浓郁的幽默美感。

那么，怎样的调侃和玩笑才能让尴尬化解于无形之中呢？

其一，不要轻易辩解。因为当尴尬突然出现的时候，瞬间辩解会显得十分唐突，那样既无济于事，又容易让别人觉得懦弱。

其二，善于随机应变地调侃和开玩笑，这样不仅可以使尴尬不再那么难堪，而且提供了不可多得的自我表现的机会。

小吕一直是公司里默默无闻的一员，在一次向新人介绍公司领导时，他误将公司总经理的名字读错，当时现场安静异常，总经理面露不悦。他觉察后立即转而笑话自己，说完后又补充道："我们公司的领导从来没有架子，但在这个公司，除了领导的名字可以读错，其他什么都不许错。"紧张的场面一下松弛下来。

其三，将计就计，化不利为有利。利与不利从来就是相对而言，只要找到关键点，化不利为有利并非不可能。

其四，故作心理脆弱。人们普遍同情弱者，在尴尬出现时你应当立即做出过激的反应，可以是懊悔不已，可以是痛苦万状。总之，你一定要让别人看起来心理异常脆弱，仿佛刚才的事情已经过度地伤害到了你的自尊心。一般在这种情况下，人们在看到你的"惨状"后肯定不会再对你穷追猛打，尴尬也就不了了之。

习惯于顽固拒绝他人说服的人，经常都处于"不"的心理组织状态之中，所以自然而然地会呈现僵硬的表情和姿势。对付这种人，如果一开始就提出问题，绝不能打破他"不"的心理。所以，你需要努力寻找与对方一致的地方，先让对方赞同你远离主题的意见，使他对你的话感兴趣，而后再设法将你的主题引入话题，最终求得对方的同意。

【脱稿范例】

约翰·F.肯尼迪：为人类和平而战（节选）

今天我们庆祝的不是政党的胜利，而是自由的胜利。这象征着一个结束，也象征着一个开端；意味着延续，也意味着变革。因为我已在你们和全能的上帝面前，宣读了我们的先辈在170多年前拟定的庄严誓言。

现在的世界已大不相同了。人类的巨手掌握着既能消灭人间的各种贫困，又能毁灭人间的各种生活的力量。但我们的先辈为之奋斗的那些革命信念，在世界各地仍然有着争论。这个信念就是：人的权利并非来自国家的慷慨，而是来自上帝恩赐。

今天，我们不敢忘记我们是第一次革命的继承者。让我们的朋友和敌人同样听见我此时此地的讲话：火炬已经传给新一代美国人。这一代人在本世纪诞生，在战争中受过锻炼，在艰难困苦的和平时期受过陶冶，他们为我国悠久的传统感到自豪——他们不愿目睹或听任我国一向保证的、今天仍在国内外做出保证的人权渐趋毁灭。

……

对世界各地身居茅舍和乡村、为摆脱普遍贫困而斗争的人们，我们保证尽最大努力帮助他们自立，不管需要花多长时间——之所以这样做，并不是因为共产党可能正在这样做，也不是因为我们需要他们的选票，而是因为这样做是正确的。自由社会如果不能帮助众多的穷人，也就无法挽救少数富人。

……

现在，号角已再次吹响——不是召唤我们拿起武器，虽然我们需要武器；不是召唤我们去作战，虽然我们严阵以待。它召唤我们为迎接黎明而肩负起漫长斗争的重任，年复一年，从希望中得到欢乐，在磨难中保持耐性，对付人类共同的敌人——专制、社团、疾病和战争本身。

为反对这些敌人，确保人类更为丰裕的生活，我们能够组成一个包括东西南北各方的全球大联盟吗？你们愿意参加这一历史性的努力吗？

……

最后，不论你们是美国公民还是其他国家的公民，你们应要求我们献出我们同样要求于你们的高度力量和牺牲。问心无愧是我们唯一可靠的奖赏，历史是我们行动的最终裁判，让我们走向前去，引导我们所热爱的国家。我们祈求上帝的福佑和帮助，但我们知道，确切地说，上帝在尘世的工作必定是我们自己的工作。

09
第九章
人人都能
脱口秀

脱稿讲话以宣传鼓动为目的，演讲者面对听众，以有声语言为主要表达形式，以态势语言为辅助表达形式，系统、鲜明地阐述自己的观点和主张。就如脱口秀明星一样，如果照本宣科，拿着稿子一本正经地宣读，就说不出真心话，也得不到人们的认同。

没有人喜欢照本宣科

脱稿讲话和照本宣科本来就是两个不同的概念，两者的区别就好像是教师授课与学生朗读。教师授课可以有教案，但只能以教案为依据，不能照抄照搬。学生朗读要求对诵读的内容做到字正腔圆，有差错还要被扣分。然而在很多人的脱稿讲话中，却将脱稿讲话与照本宣科无意识地混为一谈。

1990年夏季，美国总统布什访问匈牙利。按原定安排，布什将在国会大厦前的科苏特·拉约什广场向群众作书面讲话。当他下飞机乘车来到广场时，雨下个不止，广场上一片伞的海洋，数千人在雨中一直等待欢迎他。

在欢迎仪式上，轮到布什讲话时，他笑容可掬地走到麦克风前，一边说“女士们，先生们”，一边向群众挥舞双臂致意。就在这一刹那，惊人之举发生了：只见布什从衣袋里掏出讲稿，双手举过头顶，哗啦几下把它撕成碎片，他对群众说：讲稿太长，我把它装进肚子里了，为使大家少淋雨，现在我把它“提”出来。话音刚落，人群中立刻爆发出一片掌声和欢呼声。

随后，布什开始挖掘腹中“诗书”，从讲话的目的、自我的感受，到国际形势、美国的态度等，条理清晰，还不时地插科打诨，让站在雨中的人们流连忘返。

事后，秘书将布什的讲话录音与讲稿存根进行比对，居然完全没有区别。后来，秘书问起这事时，布什回答：“腹稿被我吃透了，消化了，早刻在心里了，我只是一条条‘吐出来’而已！”

试想，如果布什“腹中”空空，置雨中群众的心理状态于不顾，按原计划照本宣科发表长篇讲话，尽管可能比脱稿讲话的内容充实、用词准确、逻辑性强。但决收不到如此奇特的功效。

没错，脱稿讲话的效果大大优于照本宣科，这主要是因为脱稿讲话能给人直抒胸臆之感。不借助讲稿直接与对方沟通，对方就会感到真实可信并能集中注意力主动参与沟通。

捷克女学者卡尔瓦绍娃对此专门进行了研究。她指出：脱稿讲比照稿念节奏更为从容、自由，容易达到声情并茂，使人感到生动形象，通俗易懂，乐于接受。从记忆的效果看，通过讲的方式人们大约能记住材料的33%，而通过读的方式人们只能记住材料的10%。由此可见，脱稿讲优于照稿念。在口头宣传中，宣传者对讲稿的依赖性越小，宣传者与被宣传者就越能充分地进行思想和情感沟通，宣传效果就越好。下面的事例也说明了这一点。

一次，哥伦比亚广播公司董事长杰科斯基去洛杉矶参加基督教和犹太人全国会议的颁奖仪式，在飞机上，他一直在准备受奖后的发言讲稿。第二天，娱乐大师唐尼·凯亚向杰科斯基颁奖。当杰科斯基拿着讲稿走向前台时，凯亚对他说：“不要念，把你的感受告诉大家”。说罢他就抢走了演讲稿。僵持了一会儿后，杰科斯基开口了，讲出了他的内心真实感受，结果非常成功。

由于听众不喜欢杂乱无章、言之无物、浅薄乏味的冗长讲话，所以，为避免照本宣科给听者带来苦恼，还是多一点胆量，多一点才气，早日适应随时脱稿讲话的好。

美国哥伦比亚广播公司的一位著名主持人深有体会地说：“念稿子远不如讲话好。后者是发自内心的。即使它显得不够流畅，但效果反而好。”

不带讲稿，更能说出真心话

随时脱稿讲话是优秀演讲者的看家本领。然而，并不是每一个优秀演讲者的每一次讲话都那么讨人喜爱。当讲话离不开稿子，上台就满嘴大话、空话、套话的时候，台下的听众们也往往是这只耳朵进、那只耳朵出，或者干脆把注意力悉数转移出去。

很多人尤其是领导的讲话稿，通常都由“笔杆子”代劳，这种讲话稿即使有个人思想在里面，也大多难以摆脱官样文章的窠臼，因而难免造成“台上慷慨激昂，台下昏昏欲睡”的尴尬局面。

《中国日报》曾刊载过《泰晤士报》的一则报道：2010 年 11 月，新西兰移民部部长乔纳森·科尔曼替出差在外的税务部部长邓恩在议会发表了一份关于征税法案的广播直播演讲时，完全照稿念，导致议员们在台下窃窃私语，会场秩序一度陷入混乱。

“难道你没意识到这些数据都是旧的吗？”一名来自反对党工党的税务部官员利用发言机会毫不留情地指出了科尔曼闹的笑话。

原来，邓恩早在 2008 年就发表了同一篇演说，演说中提到的征税法案在 2009 年已经在议会通过了。这位移民部部长知道真相后，当即惭愧得满脸通红。

可见，不管是自己发表演讲，还是替别人演讲，都不能一味照稿念，无视真假，不顾时间、地点等具体条件和环境的变化。如果不想被别人认为演讲“假大空”，就必须减少，甚至是放下对稿子的依赖，自己进行思考。

面对听众，眼神交流，思想互动，心灵碰撞，才能使自己的讲话得到积极的响应。讲出来的话，即使没有好文采，也会因为话语真实、用语朴实、感情饱满、音色铿锵等赢得听众的信任和掌声。

要求脱稿讲话，其真正目的也在于锻炼我们的逻辑思维能力、语言表达能力、临场应变能力。平时养成脱稿讲话的习惯，关键时刻才能说真心话，讲实在理。

2012年诺贝尔文学奖得主新闻发布会在瑞典斯德哥尔摩举行。中国作家莫言如约出席发布会。

莫言去领奖的时候究竟会说些什么？这个问题是当时大家最为关注的内容。对此，莫言淡定表示："我准备演讲稿时没有任何压力，我的演讲就是讲真话。所以我的演讲稿两天就写完了。其中一个上午还在网上逛了很久。"

此前据诺贝尔基金会人士透露，莫言的演讲主题是"讲故事的人"(storyteller)。对此莫言也作了一番解释，提前"剧透"了部分演讲内容。

"讲故事是人类的天性。我们听故事长大，长大以后变成讲故事的人。但是讲故事变成一种职业以后，目的就不仅仅是愉悦他人。"莫言说，他也要用他的故事来歌颂真善美，揭露和鞭挞假恶丑。"最好的故事是让每个读者在故事里都能看到他自己，所以我要向这个方向努力。"

其实，当天的莫言，顶着风雪步行抵达发布会现场，身着黑色风衣、黑色西装，打着宝蓝色领带，颈围灰色围巾，看起来十分潇洒。面对世界各国媒体形形色色的问题，莫言展示了他幽默风趣的一面，也展示了他真心的一面。

话不在长，而在贴心，说心里话。脱稿的目的就是还原本真，让讲话“真”起来，“实”起来，这样才能为讲话效果的达成创造条件。

> 要想讲话之后赢得掌声，还是不带讲稿的好，因为这样你讲的才是肺腑之言，才能真情流露。

腹中“诗书”的提炼技法

讲话之前，很多人有打腹稿的习惯，但有时候腹稿打得头头是道，而一上台讲话就将所有的“诗书”忘得一干二净了。导致这种情况的原因是缺乏提炼的技巧。

人们常用“两行伶俐之齿，三寸不烂之舌”来描述和褒扬能言善辩的口才家，似乎脱稿讲话就只是口头之才——口齿伶俐。其实这只是表象。

中国有句古话“言为心声。”它道出了说话的真谛。口头表达要受内在的生理、心理活动的制约，人们心里怎么想，嘴上就怎么说，想与说互相作用，相辅相成。语言是说话与思维的中介。说话要依赖语言——具有一定语法结构的有声的外部语言；思维也要依赖语言——具有一定信息内容或形象的内部语言。说话的过程，就是将内在的语言信息转换成外在的信息载体，即将内部语言“翻译”成外部语言的过程。

因此，脱稿讲话的发挥，实质上是对思维的有效表现，舌头只不过是心灵的翻译家。脱稿讲话的问题，归根到底是“腹才”的问题。“腹才”，即思维的质量，它决定着脱稿讲话的水平。要想增进脱稿讲话的效果，就必须重视思维。提炼腹中“诗书”便是这样一种思维活动：在说话的准备过程中进行具有一定目的的创造性思考，把要说的话题、观点、材料、思路乃至表达方式都预先考虑、组织、设计好，使自己做到胸有成竹。

提炼腹中“诗书”很重要，它对于充分施展口才具有不容忽视的作用。俗话说："慧于心而秀于言。"要想说好必须先想好，想得好才能说得好，想不好就说不好。

明朝李贽在他的《初潭集》中讲："王勃所至，请托为文，金帛丰积，人谓心织舌耕。每为碑颂，先磨墨数升，引被掩面而卧。忽起，一笔书之，初不窜点，时人谓之'腹稿'。"

意思是说，王勃所到之处，都有人请他写文章，作为润笔的钱物绸缎积累了很多。别人说他是用心来编织，用舌来耕种。每当他写碑文或赞颂辞时，就先磨好数升墨，拿被子盖住脸躺着，一旦灵感来了，他突然起来，一挥而就，从不更改。当时人们说他是在腹中打好了草稿。

在肚子里打草稿，就叫"腹稿"，也叫"默稿"。宋朝苏轼有诗道："袖手独不言，默稿已在腹。"

打腹稿其实就是想好了再说，其最终目的是为了脱离稿子，把腹稿的主旨铭记于心。因此，上台发言之前，要明确掌握腹稿的结构、中心思想、选材等，要做到了如指掌。这样，上台讲话才能有的放矢，缓急自如。

提炼腹中"诗书"有哪些要求呢？

记住思路

开讲之前，要把当初打腹稿时展开的想象，尽快地归拢一遍，让五彩缤纷的生活像放电影一样在脑海中重现，从事件到人物、社会、工作、主题，把平时耳闻目睹的事情一桩桩、一件件地列出来。记忆深了，我们临场可选的"诗书"就多了。

记住选材

讲话时选材很是重要，不要讲那些人云亦云的东西，要尽量回避别人已经说过的内容。把自己当初收集、整理出来的有价值资料进行分类，并在头脑中编出序号。

牢记主题

“下笔千言，离题万里”，就是由文章中心不明确造成的。要想解决这个问题，就需要我们平时在记稿之前，必须先想清楚写腹稿的初衷和目的是什么？要表达什么中心？如何表达？有了条理，讲出来的话才能生动感人，避免跑题。

巧妙构思

构思，主要是指在写文章时怎样布局谋篇，怎样安排细节，围绕什么线索，按照什么顺序进行叙述。讲出来的东西要引人入胜，让人激动。

打腹稿一是为了让自己留存的“诗书”更多；二是为脱稿讲话夯实“地基”。如能把握以上几点，相信每个人都能做到“腹有诗书气自华”，确保出口成章，讲出风采，讲出魅力。

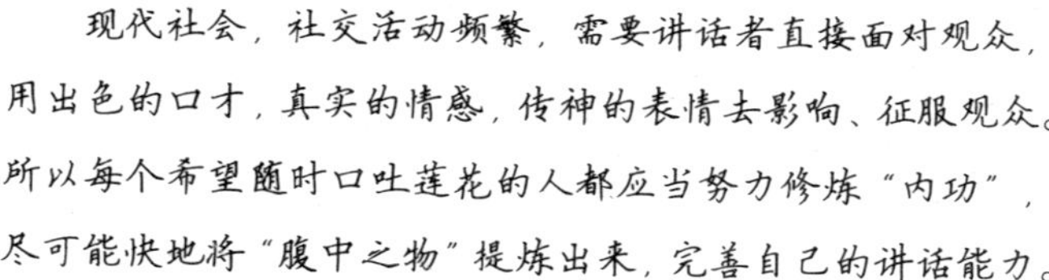

张口就来的展现秘籍

张口就来，也就是即兴讲话。“即兴”用英语表达是：off the cuff，其字面意思是脱袖而出。这个词最初源自餐馆服务员的一个早期做法。他们用衬衣的袖口来记录客人点的菜或算账。后来，好莱坞的电影导演们也把提醒演员注意的要点写在袖口上，从而发扬光大了这一“传统”。

因此，张口就来的讲话也同样被人们称为“脱袖而出”。演讲者可以将发言要点写在衬衣袖口上，发言时，只要胳膊一伸，要讲的内容便可看见。

然而，精彩的脱稿讲话的奥秘在于，它其实根本就不是“随时”的。当然，它也不是所谓的一气呵成，信手拈来。古今中外一切口若悬河、能言善辩的讲话者、雄辩家，无一不是靠刻苦训练而获得成功的。

香港凤凰卫视的著名主持人窦文涛，小时候性格内向、不善言辞，和生人讲话都羞羞答答，像新娘一样。他上初中时，班主任老师发现他嗓子不错，就推荐他参加学校的演讲比赛，刚开始窦文涛死活不肯，但班主任说如果不参加演讲比赛，就要受处分。窦文涛只好硬着头皮，壮着胆子，像上战场一样迈上讲台，由于高度紧张和怯场，他在台上满脸通红、拘谨、恐慌、两腿发抖，大脑一片空白，结结巴巴还没说几句话，就吓得“屁滚尿流”，结果引起哄堂大笑，灰溜溜地走下了讲台。

但窦文涛并没有因此而气馁，而是在老师的鼓励和指导下，通过自己的奋发努力，刻苦练习，终于使自己的口才水平得到了飞速提高，成为香港凤凰卫视的“名嘴”。

人生来各异。我们的容貌有美丑之分，身材有高低之别，肤色有黑白之差……那么良好、卓越的口才是不是也是天生的呢？是不是有的人生来就伶牙俐齿、口才超群，有的人生来就拙嘴笨舌、不善言谈呢？答案是否定的！

1920年，在印度加尔各答附近的一个山村里，人们发现了两个由狼抚育长大的女孩，她们刚被发现的时候，生活习性与狼一样，而且不会讲话，每到午夜后就像狼一样引颈长嚎。后来，她们中年龄较小的去世了，年龄较大的活了下来，在经过了漫长而艰辛的7年的教化后，她才掌握了45个单词，勉强地学会了几句话。

因此，科学家指出，言语能力并非人天生的本能，而是后天社会实践和劳动的产物。狼孩虽然具备了开口说话的生理基础（如发音系统等），但她没有学习说话的语言环境，所以也就无法像正常人一样开口讲话，更谈不上拥有好的口才了。

这就是全球著名的狼孩的故事。俗话说：“台上三分钟，台下十年功。”刻苦学习、反复实践是提高脱稿说话水平的关键所在。

做到随时脱稿讲话都有哪些技巧呢？

不要用笑话作为开头

听众尚未习惯你和你的讲话风格。因此，幽默感在此刻也许不那么容易取得好的效果。以“菜单式”开始演讲。准确告诉听众，你将要讲什么，以怎样的顺序陈述。尊重并承诺听众的自由与权益。在讲话开始能够吸引并留住听众远比调动他们来听更重要。

反复重述

首先，简洁地提出你的思想，然后详细地阐述，最后再进行总结。用人工智能的术语讲，即：让你的听众载入图解表，继而将细节填充进去，最后让他们知晓哪些是有价值的信息，应当被编入大脑中的索引，为未来所用。

掌控好时间和地点

如果你能够掌控时间和地点，上午的中段是最好的演讲时间。会场的大小应该是刚好能坐满你预计的听众人数。确保灯光的亮度合适。不要让他们把灯关上。（与其为听众制造昏暗的环境，让他们在昏昏欲睡中透过眼皮想象幻灯片上的内容，倒不如让他们在明亮的环境下看幻灯片。）

运用好写字板

写字板可以让你在上面顺手画出示意图，帮助你强调重点。它也能为你把握节奏。因为书写的速度跟人们处理信息的速度几乎同步。使用一个能够传达你的主旨的符号，以便于随时可以使用。这也可以是一个有形的标物，让你可以在需要的时候指着黑板上的文字或符号讲话。在演讲中，手所能发挥的最好作用亦在于此。

确保听众意犹未尽

讲话结尾时，确保你和听众意犹未尽。为此需记住以下几点：一、重申你在演讲开头提出的许诺。重新向观众阐述你的许诺是什么，并总结一下你如何实践了它。二、讲个笑话。现在听众已经了解你了。如果他们带着愉快的心情离开会场，他们会对整个演讲留下愉快的印象。三、可以提出问题，但不要感谢观众。那样看起来好像是感谢观众好心听完了你无聊的唠叨。四、以致敬来结束演讲。表示敬意，但不必感谢。例如：今天在场的都是非常棒的观众，我希望你们在此学到了使自己演讲更精彩的方法。

此外，如果要使用幻灯片，不要使用小于 24 号的字号。倘若你无法在幻灯片上用这么大的字号显示全部信息，那说明，你想要显示的信息太多了。

演讲必须讲究“入耳”。所谓入耳，就是听起来非常顺畅，没有什么语言障碍，没有歧义。

讲话要沉住气

中国有个成语——言多必失，这个成语是指说话前不假思索，说话时信口开河，以致造成不好的结果。要避免言多必失，在说话前就要先在心里想想要说什么，想达到什么目的，怎样说才能达到最佳的语言效果。然后再开口，还有一点很重要，就是要沉住气。尤其是在大庭广众之下，一定要沉住气，不能浮躁、冲动。

南方某电视台的主持人周娅，有一次随《幸福与烦恼》节目组到海南拍摄，正逢当地一家京剧团举行成立仪式，摄制组应邀到场，周娅临时担任司仪。

在介绍来宾时，周娅看到名单上有个叫“南新燕”的人，而来宾席上正好有位女士没报到名字，就脱口而出：“南新燕女士。”不料会场上一阵喧哗，只见一位年过半百的男同志站了起来。

面对这种尴尬场面，周娅起初有点心慌，但她很快沉住气，灵机一动，说：“你的名字让我想起一句古诗，‘旧时王谢堂前燕，飞入寻常百姓家’，京剧作为国粹，本来在北方比较有观众群，这次乘风飞到海南，在海南安家落户，你的名字给京剧团的成立带来了一个好兆头。”

话音刚落，掌声四起。周娅在名字内容与性别关系的判断上犯了固定思维错误，造成语言“脱轨”，但她能很快沉住气并冷静下来，依靠自己的机智和深厚的文化功底，在对这个名字的理解上做文章，最终赢得赞许。

从上例可以看出，讲话“脱轨”后要冷静，不要慌张，这样才能理顺思路，聚力思考，为缓和气氛，转移观众注意力并走出尴尬创造条件。

脱稿讲话的佼佼者都知道，“脱轨”首先要沉得住气。沉得住气，既是一种心理素质，又是一种生理状态。

有这样一句话：“以静制动，以不变应万变。”这句话告诉人们遇事首先不要慌，要沉住气。而生活中，大多数人讲话“脱轨”后往往沉不住气。一跃而起，手忙脚乱，结果使场面变得更糟糕。

那么，我们有什么好办法能脱轨不慌呢？

暂时沉默，先不要开口

有时候，你的话被人误解，你不想争辩，所以选择沉默。毕竟不是所有的语言都能陈述清楚，甚至可能根本没有真正的对与错。那么，暂时沉默，在多说无益的时候，也许就是最好的说明。

慢慢平静，换个角度

在因你的讲话“脱轨”，造成氛围跌入谷底的时候，你身旁所有的人或许都在盯着你：有人希望你出丑，有人希望你圆场。在这种情形下圆场，恐怕是太为难你了。毕竟，能在这个非常时刻应对自如的人需要高超的技巧。如果你具备这种素质当然好，但是如果你没有这份能力，至少可以做到平静。平静地看待这件事，平静地理顺话语。

多多弯腰，收获意外

弯腰不是低三下四，是转移“脱轨”危局的好办法。

讲话中难免与别人发生意见上的分歧，甚至造成听者起哄、鼓倒掌等现象，所以你闷闷不乐，因为你觉得都是别人的错。此时，你就别再耿耿于怀了，赶紧弯下身子，向听者鞠个躬，说声道歉，或许听者在你的谦卑之下自觉无趣，甚至一笑泯了恩仇。

所以，特殊情况特殊处理，你必须学会弯腰，因为这个动作可以赢得原谅，获得尊重。劳动身体的同时，你也擦亮了自己的心绪。而且，你还在这个过程中获得了回旋的空间。

最后是少想当初，不念过去。多做这样的假设只是浪费你与听众的时间和感情。你说，如果当时多些准备就好了；你还说，要是上台前多些练习就不会出洋相了……如果当初如何如何，现在就不会这样。这种充满怅然的喃喃自语，还是别再多说了吧。

再优秀的脱稿讲话总有瑕疵，即便中央电视台的播音员都会偶尔出现脱轨囧态，何况你呢！难道他们当初就不做准备？难道他们原来就缺少训练？显然不是。这么想，你就会少去很多自责、内疚，顺带为处理好当下的“时局”赢得信心。

> 沉住气，即舒缓、平和、泰然、大度，它能让你在脱稿讲话时，避免无端“口误”，减少语言“脱轨”，摆脱尴尬困境并寻找到新的路径。正所谓心宁智生，智生事成。应该说，沉住气是一种境界，一种修养，更是一种智慧。

头脑一片空白的“急救法”

经常有人说：我的表达能力不好，口才很差，一开口就害怕。特别是当众讲话时就紧张、脸红、语无伦次、心跳加快、大脑一片空白……错过了很多难得的机会，也留下很多遗憾。

的确，生活中，有的人在朋友面前讲话可以侃侃而谈，说得清清楚楚、明明白白，但和陌生人讲话就面红耳赤，搞得词不达意，思路不清，自己很没面子，别人听了更是糊里糊涂，不知所云。其实这都是由自卑、胆小、紧张等原因造成的。

尼克在大学时曾经被公认为是全班最胆小、最怕事的人。大学毕业时，许多人预言十年后相聚时，他不会有什么大作为，只能做普通的人，过普通的生活，庸庸碌碌地度过一生。

十年很快就过去了，全班的同学又重聚在一起。当年许多意气风发、指点江山的同学如今被生活改变成了一言不发的旁观者。许多才华横溢的同学也在繁忙和庸碌的生活中失去了当年的锐气，变得倦怠消极。尼克——那个被公认为将是失败者的人，还是和当年一样平凡得如一粒尘土，不出众，不显眼，也不高谈阔论。

聚会到了高潮，每个人依次上台讲述自己的现状和理想，还有对目前生活的满意程度。大多数人目前的生活状况不如当年跨出校门时的理想，对目前生活满意者几乎没有。

尼克上台后平静地说道：“我目前拥有数家公司，总资产上亿元，远远超出当年走出校门时的理想。如果说还有什么遗憾的话，就是我认为我离那些我所欣赏的成功者还很遥远。是的，无论是在学校还是走向社会，我一直很自卑，感觉每个人都有特长，都比我强。所以我要努力学习每一个人的特长，并且丢掉自己的缺点。但是，我发现无论我如何努力也总是无法赶上所有的人，所以我就一直自卑下去。因为自卑，我把远大理想埋在心底，努力做好手头的每一件小事；因为自卑，我把所有伟大目标转化成向别人学习的一点点的进步。进步一点，就有一点战胜自卑的理由，同时又会发现一个自卑的借口。这样，永远让自己处在自卑之中，我就获得了源源不断的前进动力。”

在一阵长时间的沉默之后，那些曾经骄傲、自信现在却平庸的人忽然之间明白了，自己之所以失败是因为过于自信。因为自信，他们看不到别人的优点，不肯向他人虚心请教；因为自信，他们总是把目光盯在高处，而不知道低下头埋头苦干。这样自信就成了自负，成为他们前进路上的一种阻力。

心理学家认为，每个人心中或多或少都会有一点自卑。自卑在一定程度上可以转化为前进的动力。许多伟人的成就都和自己早年的自卑经历有关。当一个人把自卑化成了谦虚，转化成自己上进的动力时，自卑又何尝不是一种自信呢？

无数事实证明，当众讲话，头脑一片空白是完全可以改变的。除了克服自卑，树立自信外，即使在相互尴尬、气氛紧张的场景中，一样可以用机敏、智慧加以应对。

20世纪，王光英飞赴香港创办光大实业，一下飞机，有位记者就问他：“你带了多少钱来？”这个问题瞬间让他头脑一片空白，也实在难答，具体数目不好说，说多了事关经济机密；说少了，事关个人及国家体面；说“无可奉告”不仅生硬，又失礼节；哼哼哈哈，难脱纠缠。

王光英看对方是个女记者，灵机一动说：“对女士不能问岁数，对男士不能问钱数。小姐，你说对吗？”女记者无言以对，只好走开。

王光英想起“西方人不能问年龄”这一普遍遵守的规则，指出女记者的提问悖情违礼了，巧妙地摆脱了被追问的困境。

为了避免讲话时头脑一片空白的问题，我们要做到以下三点。

努力学习和掌握相关的知识

出色的口头表达能力，其实是由多种内在素质综合决定的，它需要冷静的头脑、敏捷的思维、超人的智慧、渊博的知识及一定的文化修养。因此，我们需要努力学习和掌握相关知识。如学好演讲学、逻辑学、论辩学、哲学、社会学、心理学等。

努力学习和掌握相应的技能、技巧

在讲话时要做到：①准备充分，提前写出讲稿，又不照本宣科；②以情感人，充满信心和激情；③以理服人，条理清楚，观点鲜明，内容充实，论据充分；④注意概括，力求用言简意赅的语言传达最大的信息量；⑤协调自然，恰到好处地以手势、动作、目光、表情帮助说话；⑥表达准确，吐字清楚，音量适中，声调有高有低，节奏分明，有轻重缓急，抑扬顿挫；⑦幽默生动，恰当地运用设问、比喻、排比等修辞方法及谚语、歇后语、典故等，使语言幽默、生动、有趣；⑧尊重他人，了解听者的需要，尊重听者的人格，设身处地为听者着想，以礼待人，不带教训人的口吻，注意听众反应，及时调整讲话速度。

积极参加各种能增强口头表达能力的活动

积极参加演讲会、辩论会、班会、讨论会、文艺晚会、街头宣传、信息咨询等活动。要多讲多练。凡人家讲的或自己在书本上学到的知识都尽可能地用自己的话讲出来，这有助于提高自己的临场表达能力。

克服头脑一片空白，要有刻苦精神，要持之以恒。只要我们勤于学习，大胆实践，善于总结，及时改进，我们的表达能力就能不断提高。脑子里有了“营养”，你还会不知所措，一片空白吗？显然不会！

【脱稿范例】

奥普拉·温弗瑞：人生唯一目标是做自己（节选）

我要分享的想法是：无论你有多么成功，也许你们会不断追求更高的目标，这就难免会遇到失意之时。我希望届时各位可以记住：世上并不存在失败，那不过是生活试图将我们推向另一个方向罢了。

当你身处困境时，看起来是一种失败。在过去的一年中，我时刻提醒自己牢记这一点。当深陷困境时，感到难过是正常的，给自己一点时间去思考即将失去的一切。关键在于：要从错误中汲取教训，因为所有经验，尤其是你犯下的错误，都将帮助你、推动你更好地做自己，确定下一步何去何从。生活的关键在于建立起一个内在的道德情感导航仪，为你指明方向。因为从今以后，当你用谷歌搜索自己的时候，搜索结果中会提到“哈佛大学 2013 毕业生”。在这个充满竞争的世界，这的确是一张抢眼的名片。

……

创办“天使网络”的想法在我心中萦绕已久，也正是“天使网络”让我确定了心中的那个导航仪。我决定不再单一地制作电视节目，还要关注节目的终极理念、采访对象、行业发展和慈善事业等。无论我们追求什么，我们团结在一起的信念将胜过其他一切。作为一个 19 岁就出现在电视节目中的孩子，起初我并不明白这个道理，直到 1994 年才有所醒悟。因此，不要指望能即刻明晰所有的事情，包括自身的志向所在。当我明确一切的时候，我利用电视这种媒介手段让天使网络做得更好，而不是单纯成为电视节目的一部分。

……

在我的职业生涯中曾经做过超过35000次访谈，每当摄影机关掉的时候，所有的受访者必然会用自己的方式问出这样一个问题："我表现得还可以吧？"布什总统这样说过，奥巴马总统也曾这样说过。无论英雄人物还是家庭主妇，受害者抑或是案件中的被告人。甚至碧昂斯也需要得到这样的认可，访谈结束后，她把麦克风交给我，对我说："我表现得还可以吧？"

你们现在或许对离开舒适的大学生活会有些焦虑，并对于让社会检验自己的哈佛文凭心存犹豫，但无论你们在日后遭遇什么样的挑战、挫折与失意，只要内心目标坚定，就能获得真正的成功与快乐。人生确实只有一个目标，那就是：最大程度、最真实地展现自己。尽己所能，提升自己与家人以及周围的人。神学家霍华德·瑟曼说得好："不要问自己世界需要什么，问问是什么让你充满活力地活着，然后大步去做，因为世界所需要的就是一个个朝气蓬勃的人。"

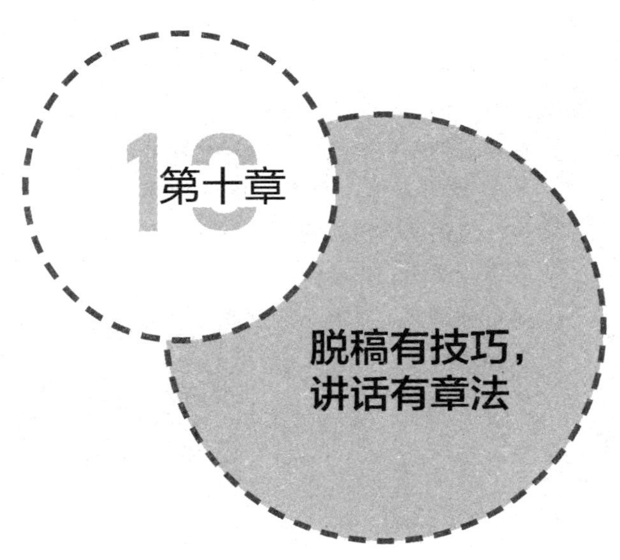

第十章

脱稿有技巧，讲话有章法

“脱稿讲话要讲究技巧，本着脱稿不脱灵魂的方针，合理运用各种手段，包括逆向倒转回旋、前后照应直击、举例、比喻侧击等方法，务求讲话真实、可信，让听者受到启发和鼓舞。”

脱稿不脱灵魂

提到脱稿讲话，很多人都单纯地理解为可以不受条条框框的限制，不顾及内容，任意发挥。是，脱稿讲话可以给我们松绑，更能让我们放下包袱，想怎么说就怎么说。但是，任何讲话都不能没有目的，这就决定了无论你如何天马行空，都必须有灵魂，有中心。否则，“车轱辘”话、“颠倒”话就会时不时冒出来，以致前言不搭后语，偏离主题，让听者厌倦和疲劳，甚至产生抵触情绪。

下边是英国商业史上因为一次失败的商业演讲而给企业造成巨大损失的例子。

杰拉尔德·拉特纳是当时英国最大的珠宝零售商拉特纳斯的首席执行官，在英国董事协会曾做过一次非常著名的演讲。这次演讲发生在1991年经济衰退期间，他试图解释拉特纳斯的利润为什么还在增长。他没有说拉特纳斯通过降低生产成本，制造适合人们购买力的廉价产品维持增长。相反，他说拉特纳斯之所以能够销售价格如此低廉的珠宝首饰，只是因为这些首饰确实成本低廉。在此，我们引用他的原话：“它们纯粹是垃圾。”这只是他想要调节会场气氛的诙谐之语，英国董事协会的与会者爆发出一阵哄堂大笑。杰拉尔德完成演讲以后，全场与会者起立，长时间鼓掌致意。

杰拉尔德认为，他的那番讲话只是取笑自己，最多只是取笑自己的产品而已。然而，当媒体报道这一消息之后，公司的营业额开始迅速下滑。他根本没有意识到，他的讲话实际上是在取笑他的顾客。

这件事让杰拉尔德和拉特纳斯公司付出了极为惨痛的代价。公司营业额一夜之间直线下降，股票价格更是缩水50%，他也因此不得不辞去公司职务。在他辞职后不久，“拉特纳斯”的名字从800家连锁商店的门上被取下。

脱稿讲话的灵魂绝不是让自己处于被动境地，使讲话成为摧毁成绩的助推器。相反，它讲究的是正能量，并达到鼓舞人心的目的。杰拉尔德·拉特纳显然忽视了这一点。

不只是“商业演讲”，其他演讲也一样，它不是随手写在记事本上的备忘录，也不是如过眼烟云般的“微博”“私信”，重视每一次演讲活动，是尊重听众的第一步。无论是工作汇报、述职总结，还是提案讲解，都需要引起我们的重视，不要侥幸以为凭借自己的巧舌如簧就可以获得成功。

脱稿讲话是衡量讲话者能力水平的一个重要标尺。成功的讲话不应该是“填鸭式”的信息传授，而应该是讲话者与听众的思想、情感的互动和交流。要想扔掉演讲稿，真正做到手中无稿、心中有稿，就需要掌握脱稿的灵魂，灵活运用讲话流程中的每个环节。正如建筑工地上的砖、石、沙子、水泥、钢筋等材料，如果没有这些，摩天大楼就不可能拔地而起。所以，要想讲话内容扎实，效果好，我们就要善于牢记讲话的宗旨，不可让讲话脱离灵魂。

那么，如何才能做到这一点呢？

收集素材，内容充实

俗话说：“巧妇难为无米之炊。”没有食材，再厉害的厨师也做不出山珍海味。同样的道理，如果没有素材，即使是苏秦在世，也将一筹莫展。所以，要想讲话内容扎实，效果好，我们就要善于为讲话加“料”。

2017年春节刚上班，有个客户经理乘坐火车出差，邻座是一位50岁左右的中年人，他正在看杂志。

客户经理主动搭讪："请问您到哪里？"

中年人："我到北京。"

客户经理："我也到北京。听口音您是山东人吧？"

中年人："噢，山东枣庄人。"

客户经理："枣庄啊，这可是个有名的地方！我小时候就在铁道游击队的连环画上知道它了。三年前去过枣庄，当地人很厚道啊。"

听了这话，那位中年人兴奋起来，他放下手中的杂志，和客户经理互赠名片，当晚到北京后，两个人还一起在车站的餐厅吃饭，后来两人建立了长期的合作关系。

如果这个客户经理不具备"铁道游击队"的知识储备，就很难顺利搭讪。由此可见，脱稿讲话是建立在见多识广的基础上的。如果脱离了这点，言谈就会成为"无本之木"，立都立不住，还怎么说服别人？所以，脱稿讲话成功的前提条件就是：让自己具有丰富的知识储备，并把这些知识转化为脱稿讲话的语言素材。只有这样，才能够在脱稿讲话中妙语连珠、侃侃而谈。

不管什么样的发言，最忌讳的就是空话连篇、废话连篇。讲话人在台上说了半天，听众在下面听不明白他要讲什么。这样的发言当然是最糟糕的！因此，发言必须内容充实，条理清楚，重点突出。虽然说不同的场景对讲话的内容有不同的要求，但是它们有着一个共同的特点，那就是讲话的内容要真实，要有具体的事例，要有理有据。最忌讳说假话、空话、废话。

条理清楚，重点突出

条理，就是你发言的顺序。即，先说什么，后说什么。条理清楚，就是说你讲话时的思路要非常清楚，不要东扯葫芦西扯瓜，语无伦次。

重点突出，就是在讲话时确定详说什么、略说什么。当然，这要根据具体的需要而定。比如说，我们要写竞选演说稿。那么竞选什么职位，竞选的理由，竞选的优势(甚至你也可以说你自己的不足以表示自己的诚实，怎样改进这些小缺点以表示自己的上进)，竞选成功后的“施政纲要”，竞选失败后的打算等，都是你可以写的内容，其中“竞选的优势”和“施政纲要”是演讲稿的重点。

为避免因脱稿脱离讲话中心的方法还有很多。只要我们肯下功夫，反复实践，就能在练就脱稿讲话的同时，确保主题鲜明。

“四步走”的脱稿演讲方略

“一言之辩胜于九鼎之宝；三寸之舌强于百万之师。”这句话道出了脱稿讲话的真谛：古今中外，无论哪个领域，杰出的领导者都是口才卓越的人。他们的讲话清晰有力，得体服众，受人拥戴。在各种社会实践中充分展现了自己的才干，建立了良好的口碑。

其实脱稿讲话在我国是有优良传统的，毛主席就是一位经常不拿稿子讲话的演说家，不管是在井冈山还是在延安，他有过许多次语言生动、思想精辟的讲话。其实，那时老一辈革命家都有这个能力，因为要发动群众，因为要宣传革命，脱稿讲话的能力就在战火考验中锻炼出来了。

2016年年末，某机关机构改革伴随着一场纷纷扬扬的大雪，铺天盖地而来。彭刚所在的某局怎么能例外呢？改革的模式定了，基本上是中层干部竞争上岗，这也好，“八仙过海，各显其能”，有能力就上，没能力就淘汰。竞争上岗前，局领导做动员，分别找竞争者谈话。轮到彭刚时，领导郑重地对他说：“这次演讲很重要，你要好好准备一下，最好脱稿讲，表现出你的真风采。”他认真地回答说：“请领导放心，我会认真对待的。”

三天后，竞岗演讲会如期举行，领导重要讲话之后，抽签决定演讲顺序。彭刚稳步上前，不假思索地抽出一支纸签儿，打开一看是第一号，他并没有吃惊，因为，他几乎在任何比赛中抽签都是第一号，他已经习惯了。

抽签结束，演讲开始，彭刚庄重地走上演讲台，仪表端庄，声音洪亮，语速缓急有度，阐述有条不紊，如高山流水。当他说完最后一句演讲词时，送他走下台来的是领导满意的目光，而迎接他的那些对手的眼神，却让他突然感觉如鲠在喉，不安也不舒服。竟有对手悄悄跟他说：“唉，你上台，连稿都不用，却讲得这么好，让我们怎么上去拿稿念啊！”彭刚笑笑说：“我也没什么好的，领导不是要求脱稿吗，我只是按要求做了而已，相信你们会比我讲得更成功。”

事实上，彭刚后面的所有对手，都是拿着稿子念，甚至有好几个人还是结结巴巴念完的。全部讲完之后，是民主打分，彭刚实事求是地给每个演讲的人打了分。又过了几天，竞争上岗的结果公布了，彭刚如期走上了所竞争的岗位。

演讲未必都使用演讲稿，不少著名的演讲都是即兴之作，由他人经过记录流传开来的。但重要的演讲最好还是事先准备好演讲稿，因为演讲稿至少有两方面的作用：

其一，通过对思路的精心梳理，对材料的精心组织，使演讲内容更加深刻和富有条理。

其二，可帮助演讲者消除临场紧张、恐惧的心理，增强演讲者的自信心。“怕”是当众表达的最大瓶颈，90%的人都卡在这个瓶颈上了……哪怕是肚子里再有货，脑子里再有好点子，内容准备得再充分，一个“怕”字会让所有的优势都烟消云散。演讲是演讲者根据人们普遍关注的某种有意义的事物或问题，通过口头语言面对听众，直接发表意见的一种社会活动。严格地讲，是演讲者与听众、听众与听众的三角信息交流，演讲者不能以传达自己的思想和情感、情绪为满足，他必须能控制住自己与听众、听众与听众情绪的应和与交流。

为此，我们可以为脱稿演讲设定以下“四步走”的方略。

第一，针对性。演讲是一种社会活动，是用于公众场合的宣传形式。它为了以思想、感情、事例和理论来晓喻听众，打动听众，“征服”听众，必须要有现实的针对性。

所谓针对性，首先是演讲者提出的问题是听众所关心的问题，评论和论辩要有雄辩的逻辑力量，要能让听众接受并心悦诚服，这样，才能起到应有的社会效果；其次是要懂得，听众有不同的对象和不同的层次，“公众场合”也有不同的类型，如党团集会、专业性会议，俱乐部、学校、社会团体、宗教团体集会、各类竞赛场合等，要根据不同对象和不同场合，为听众设计不同的演讲内容。

第二，可讲性。演讲的本质在于“讲”，而不在于“演”，它以“讲”为主、以“演”为辅。由于演讲要诉诸口头，演讲时必须以易说、能讲为前提。如果说，有些文章和作品主要通过阅读欣赏，领略其中的意义和情味，那么，演讲稿的要求则是朗朗上口，清新入耳。因此，演讲者最好能通过试讲或默念加以温习，凡是讲不顺口或听不清楚的地方都应进行调整。

第三，技巧性。演讲方法是过河的桥和船，是演讲获得成功的关键。这里有两层含义：一是优化思维能力。很难想象，一个思维迟钝而又混乱的人，能够口若悬河、重点突出、条理清晰、言简意赅地表达自己的思想；二是展示强大的舞台气场。良好的公众形象，为您的演讲打开成功之门。一个细小、单调、乏味的声音形象只能起到催眠的作用。

第四，鼓动性。演讲是一门艺术。好的演讲有一种激发听众情绪、赢得好感的鼓动性。

演讲内容丰富、深刻，见解精辟，有独到之处，就能发人深思。如果演讲平淡无味，毫无新意，即使在现场“演”得再卖力，效果也不会好。

脱稿讲话逆向倒转回旋法

雨果说："语言就是力量。"在当今这个多元开放的社会，无论是领导干部，还是一般百姓，不仅要有务实求真的作风，更要有平易清新的话风，熟练掌握语言的表达艺术是大众的必备技能。

大凡成功的脱稿讲话者都有自己的"绝招"，逆向倒转回旋法就是他们常常采用的方法之一。这是一种全新的脱稿演讲技巧。总的要求是"话"危为机，倒转老话，创新包装，借老说新，赋予新意，通过这一系列的逆向、倒转和创新回旋的演讲方法，丰满主题，盘活情绪，达到演讲的最终目的。

2017年6月份，刚上任的潘局长疑心很重，走路也特别轻。有次张、王两个部下正在闲谈，不免说这个道那个。当说到潘局长时，小张说："潘局呀，我从来没把他放在眼里。"哪知此话正好被潘局长听到，他黑着脸，当即发威："那放在哪里？"小张笑答："放在心里呀！"潘局长一听，瞬间转忧为喜，频频点头。

从上面可以看出，这种逆转话锋、旋转话题的对答能在特定条件下，为讲话者摆脱困扰、化解危机创造条件。其实，脱稿讲话也一样。大体来说，脱稿讲话逆向倒转回旋法，包含以下内容。

借老说新

生活中有许多流传甚广的话，如民谣、俗语、谚语等，但它们为人们所理解的内涵是相对固定的，如果演讲者能巧妙地借用这些老的形式，并加以"改装"，赋予它新的内涵，就能为我们在演讲中进行观点创新，找到取之不竭的宝贵资源。对听众来说，则会使他们感到似曾相识但又侧重不同，只要演讲者能自圆其说且言之有理，就能在听众已有的认识上达成一种新的认识。

如有人在演讲中说：对待事业，要有心栽花，花不开，也要栽；对待名利，要无心插柳，柳成荫，也无心。“有心栽花花不开，无心插柳柳成荫”，这句话的内涵广为人知，演讲者借用它，稍作改装，以表明自己的观点，得到了听众的肯定。

由此及彼

事物是辩证的，问题总有多面性，但由于我们认识上的局限性，或者是受事物发展过程中规律性的影响，我们在表达某一观点时往往只知其一，不知其二，或只讲其一，不讲其二。当然，坚持和强调“这一方面”是应该的，因为它也是正确的、公认的观点，但如果我们顾此而失“彼”，就会妨碍认识的深入和工作的改进。随着事物的发展，坚持和强调“另一方面”的意义也会非常重要。如果演讲者能由此及彼，即在不否认现有观点的前提下，敏锐地发现问题的“另一方面”并适当加以强调，就能达到演讲观点“深、新并举”的目的。

如深圳华为公司总裁任正非在演讲中曾提出一个重要的新观点“要提倡思想上的艰苦奋斗”，他说：“生活上、工作上的艰苦奋斗，比较容易引起人们的关注，而思想上的艰苦奋斗，看不见，摸不着，难以引起人们足够的重视，正因为如此，有些人就越来越淡化了思想上的艰苦奋斗精神，其突出表现就是身勤脑懒，整天东跑西颠，显得忙忙碌碌，可一旦遇到费及脑筋的事，却不肯或不善于下一番功夫去深入思索，因而这些人跑得再勤，也跑不出多大所以然来……”

以往我们对艰苦奋斗的理解普遍停留在能吃苦、不怕累、出大力、流大汗的层次上，关注点主要集中在生活和工作方面，提倡这一点无疑是应该的，但在知识经济背景下的高科技企业的竞争当中，只讲生活上和工作上的艰苦奋斗是不够的，还应该突出强调思想上的艰苦奋斗。演讲者提出的这一新观点，对市场竞争中的高科技企业来说，其深意和新意是不言而喻的。

老话新说

同一个正确的观点，可以有不同的表述方法，其中有些说法是听众非常熟悉的，如果演讲者一味地照本宣科，老话连篇，就会使听众兴味索然。在市场经济中常有这样的现象，同一种商品，换上新的包装之后，就能给人耳目一新的感觉，增加商品的附加值，并能激起顾客更强的购买欲望。同样，在演讲中，把老观点巧妙地“包装”一下，也是观点出新的常用方法。如联想集团培养人的第一个方法按照柳传志的比喻，叫作“缝鞋垫”与“做西服”。

什么意思呢？就是培养一个战略型人才和培养一个优秀的裁缝有相同的道理，我们不能一开始就给他一块上等毛料去做西服，而是应该让他从缝鞋垫做起，鞋垫做好了再做短裤，然后再做一般的裤子、衬衣，最后，才是做西服。

培养人才不能拔苗助长，操之过急，要一步一个台阶地爬上去，这个并不新鲜的观点人人都懂。柳传志在这里把培养人才和培养裁缝类比，把培养人才的过程描绘为从缝鞋垫到做西服，用一个通俗而新颖的比喻给老观点披上了一件新外衣，内容是旧的，但形式是新的，可谓殊途同归，新意盎然。

由浅入深

有时关于某一问题已形成结论并被人们当作“定论”广为接受，似乎再也没有思考下去的必要了，但实际情况并非如此，只要我们再往前走一步，就会发现“风景那边更好”。

索尼公司的创始人井深大曾于1971年出版过一本极为畅销的书《始于幼儿园为时过晚》。当时人们普遍认定的是：大学教育的基础在中学，中学教育的基础在小学。而井深大则把问题进一步挖掘，认为还要重视幼儿园的教育，最后的结论是：不！幼儿园也已经太迟。

从大脑生理学的角度来看，生下来的婴儿具有100亿以上的脑细胞，同没有“接线”的计算机一样，在这样的头脑还没有成熟的时候，是否给予刺激，将决定“接线”即组成头脑的形状的好坏，所谓“接线”在四岁时要完成60%，八九岁时要完成95%，17岁时要全部完成。所以，在幼儿时，如果缺乏良好的刺激是不行的。这虽然不是一个演讲实例，但从思维的角度来说，对演讲的创新思维无疑是具有启发意义的。

破旧立新

顾名思义，演讲中的破旧立新，就是在否定、破除旧的观点之后，提出与旧观点相反或相对的新观点，虽然破旧立新的难度和风险较大，但只要有言人所未言的勇气，有实事求是的科学态度，就能收到语出惊人、震撼人心的特殊效果。

请看《我们不愿做睡狮》的演讲片段：有人曾预言，中国是一头睡狮，就这样我们被人家当了一百年睡狮，我们也把自己当睡狮自我陶醉了一百年。狮子是百兽之王，但一头酣睡的狮子能称得上是百兽之王吗？一只睡而不醒的狮子，一个名义上的百兽之王，并不值得我们为之骄傲。如果我们为这样一个预言而陶醉，就好比陶醉于“人家说我们祖上也曾阔过”一样，真是脆弱而又可怜。我们不要伟大的预言，我们只要强大的实力；我们不要做睡狮，只要我们觉醒着、前进着，就比做睡着的什么都强。人家的预言曾是我们骄傲的资本，但仔细分析起来，为一个过去的预言而陶醉或昏睡，于实际又有何益处呢？所以演讲者鲜明地提出“我们不愿做睡狮”的观点，犹如当头棒喝，既促人清醒，又激人奋发。

创新虽然不是一件容易的事情，但只要我们熟练地掌握类似于逆向、倒转、回旋等一些创新思维的方法，就能在演讲实践中提出新颖而富有吸引力的观点，从而使我们的演讲更受听众欢迎。

随时脱稿讲话就是要有拿手的技法，只有创造之花才有永开不败的美丽。观点是演讲的灵魂，“喜新厌旧”是听众的普遍心理，因而追求观点表述的创新是演讲者的重要任务。

脱稿讲话前后照应直击法

敢于随时脱稿讲话与即兴发言的人，往往都善于总结经验，提炼方法，以生动活泼的语言和听众互动，引发心灵的共鸣。前后照应直击法，便是一种最近才被归纳出来的讲话方法。它的特点是：所讲语言相互对照，从而通过与听众的互动和自我组织，让听者随着你的节奏“起舞”，以创造良好的接听环境。进而更好地表现自己的亲和力与感染力，也充分展现自己的工作能力和个人魅力。

在一次演讲中，孙中山讲到自己青年时代在香港读大学时，曾遇到一群苦力蹲在一起聊天，他们讲得哈哈大笑的样子，看上去十分有趣。于是，他便凑上去听个究竟。原来，在这些苦力当中有一个人买了一张马票，这人担心马票会丢，就把马票藏进了干活的竹杠里，并牢牢记住了马票的号码。没有想到他真的中了大奖。想到这件事他十分兴奋，以为自己可以娶媳妇、买洋房，再也不用过苦力的日子了，于是他就把竹杠扔进了大海里。结果不用说了，他连那张马票也一起扔了出去，不但没有拿到钱而且又扔了竹杠，变成空欢喜一场。

讲这个故事的时候，孙中山幽默的语气引起了台下观众的一片掌声和笑声。于是，孙中山先生回转到自己的话题上来，重申道：“对于我们大家，民族主义就是这根竹杠，千万不要丢啊！”

演讲者想要达到讲话的效果，就要先学会前后照应，用上下承接、直击要点的语言引导观众进入自己的语言世界，这样才能达到传播思想、影响他人的目的。

前后照应，直击要点不是孤立存在的，有时候，当遇到难以表达的观点时，为了让讲话内容更具真实性、丰富性和说服力，可以掺杂一些例子。演讲者要善于用举例子的方式来证明自己的观点。反之，如果演讲者从头到尾都在说一些枯燥乏味的大道理，即使你的观点是真实的，也会显得假大空。这样一来，你的讲话就很难激发听众听下去的愿望。从某种意义上说，举例子也是前后照应，直击主题的重要组成部分。

汉语是世界上最复杂的语言之一，这种复杂性，也说明了它的丰富多彩，同样的一种观点，会有多种表达的方法。如，我们要说的意思是一个女士很胖。一种表达方式是：你真的很胖，需要减肥；另一种表达方式是：从前您一定是个很苗条的人。

这句话的表达方式还有很多种，如果你是那位女士，会喜欢哪种说法，当然是第二种。所以，我们在表达自己的观点前不妨深思三秒钟，进而采取前后照应、直击要点的方法，也许会生成更精彩、更让人喜欢的语言。否则，就会适得其反。

妈妈领着女儿到老邻居开的公司面试，面试结束后，公司老板说："我们既是邻居，我又是看着小林长大的，况且她还是名牌大学的高才生，我们真是求之不得呀。"

这时，女儿说了一句话，令在场的人很尴尬，她说了什么呢？"我妈妈说，先到你这样的小公司锻炼一下，等以后到大公司去工作才会比较有经验。"

本来是很好的事情，却被这个女孩儿的无知搅黄了。这不叫前后照应，这简直就是相互拆台，既让公司老板气愤，也让自己的母亲无地自容。

随时脱稿讲话与其他讲话一样，技巧万千，方法不少，但最终的落脚点都要聚焦主题。拿前后照应来说，除了为主题做必要的铺垫、伏笔和散发性讲述外，最好的手段是故事性、趣味性举例，这样语境、例证相辅相成，有血有肉，给人新鲜感和深刻启发，对脱稿讲话总是能起到意想不到的效果。那么，什么时候开始举例呢？

一般来说，脱稿讲话中，当你看到观众的表情僵硬、疑惑的时候，就要进行举例说明。举例的作用主要体现在以下四点上：

举例能够巧埋伏笔，使话题充满联想，从而更有力地直击观点；

举例可以让讲话者空泛的论点充满故事性，有效丰富讲话内容；

举例可以让讲话者的语言更加生动、形象，引起观众的注意力，使其产生浓厚兴趣；

举例可以让讲话者精神放松、娱乐观众，尤其当举例是幽默笑话的时候更加有效。

所以，脱稿讲话选择故事、案例时，要以前后照应、直击主题为最大准则，反之宁可不用。当然，想要选好故事、案例也有两方面的要求：

第一，故事、案例不可用得过早，也不可用得过晚，而是要穿插在适当的位置中。

第二，引用故事、案例要详略得当，切不可过于烦琐，也不可过于简单。因为过于简单的故事、案例很难给听众留下深刻的印象；而过于烦琐、复杂的故事、案例又会喧宾夺主，削弱讲话主题在听众心目中的分量。

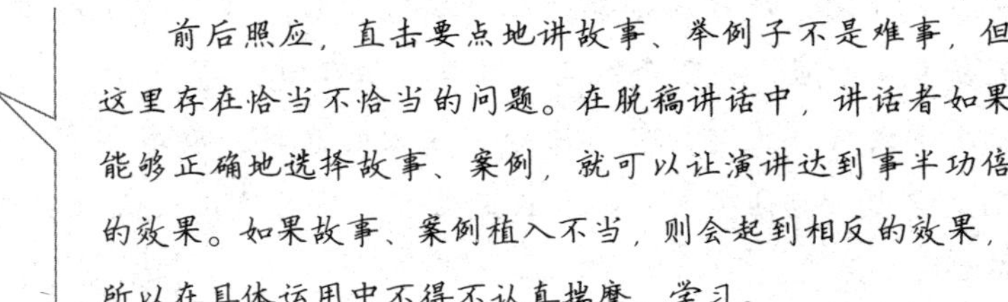

前后照应，直击要点地讲故事、举例子不是难事，但这里存在恰当不恰当的问题。在脱稿讲话中，讲话者如果能够正确地选择故事、案例，就可以让演讲达到事半功倍的效果。如果故事、案例植入不当，则会起到相反的效果，所以在具体运用中不得不认真揣摩、学习。

正话反说、比喻侧击法

脱稿讲话是一门精致的艺术，要想达到口若悬河的境界，更是艺术中的艺术。因为这除了要求讲话的人掌握扎实的基本功外，还必须具备良好的修辞手段。生活中没有哪个人是天生的大众演说家，也不可能每个人都能拥有林肯、丘吉尔那种富有感染力的雄辩口才。所以，方法得当、技巧实用一样能让你充满激情。比如，采取正话反说、比喻的侧击方法就是一条成功的途径。

五代后唐庄宗爱好打猎。一天，来到某地围猎，大队人马乱踩民田，当地县官闻讯赶来，拦马劝谏。庄宗火冒三丈怒斥县官，县官吓得抱头逃窜。

这时，一个叫敬新磨的优伶，急忙率领同伴穷追，把那县官抓了回来，捋袖摩拳地痛骂道：

"你身为县官，难道不知道我们的天子喜欢打猎吗？你为何要唆使老百姓种田而向皇上交租税呢？你难道不会让老百姓都饿死，而使这里的田地都空出来，供给我们的皇上驰骋打猎用吗？你真是罪该万死！"

敬新磨说完，请求庄宗立即把那县官处死。庄宗听了以后，不由大笑，放了县官，并下令人马不准再践踏农田。

在庄宗火冒三丈时，敬新磨顺着庄宗的意思，要求县官让老百姓饿死，空出土地让皇上打猎。正话反说，反而使庄宗认识了错误，迷途而知返。

在使用正话反说术时，如果同时使用极度夸张的手法，将某个事理加以放大，这更能显示其荒谬性，给人敲响警钟。

楚王非常喜爱马。他的马穿的是锦绣衣服，住的是华丽的宫殿，睡的是精致的床铺，吃的是枣脯。由于条件太优越，他的马越长越肥，有一匹竟因太肥而死去。楚庄王难过死了，要满朝文武大臣为马举哀，要把马装进棺材用埋葬大夫的礼节来埋葬。左右大臣纷纷劝阻楚庄王。楚庄王一概不理，并传下令来，有谁还敢来劝阻的，格杀勿论！

楚国有个叫优孟的人，听说这件事后，他闯进王宫，仰天大哭，哭得死去活来。楚庄王大吃一惊，问他哭什么。优孟一把鼻涕一把眼泪地说：

"马是大王最心爱的东西，我们楚国这样一个堂堂的大国，要什么有什么，而仅仅用埋葬大夫的礼节埋葬，实在太委屈这匹马了，有失我们楚国的体面。依我看，还是应该用埋葬国王的礼节才好，用洁白的玉石雕刻一具内层棺材，用花纹很美的梓木做外层棺材，调遣大批士卒挖墓坑，发动京城的男女老幼来挑土堆坟。出丧那天，让齐国、赵国的国君在前面引幡招魂，韩国、魏国的国君在后面护送，再修一座富丽堂皇的祠堂，用整牛整羊来长年供奉它的牌位，还要追封它为万户侯！这样，让天下各国的人们知道，我们大王是把人看得很下贱，而把马看得很高贵！"

楚庄王听到这里，不觉感到羞愧满面，他问："我的过失难道会有这么严重吗？那我现在应该怎么办呢？"

优孟说："这很好办，请大王以六畜的礼节来埋葬它：用炉灶做它的外层棺材，用铜锅做它的内层棺材，用姜葱木兰等香料给它陪葬，用大米饭做祭品，用火光做它的衣服，让大家的肚肠做它的坟墓，这样埋葬就可以了。"

楚庄王于是让人把马剖开煮熟吃掉了。

优孟使用极度夸张的方法，将楚庄王的错误放大，充分提示了楚庄王做法的荒谬性，终于使他如醍醐灌顶，幡然醒悟。

这种正话反说术，先扬后贬，让人主动认识到自己的错误，达到讲话的真正目的。

再来看比喻侧击：

某公司员工何杰，很有人缘，但他的办公桌下总是不干净。同事曾经多次劝导过他，都被他顶了回去。

一天，何杰正在练字，刘毅特意凑过去说："你的字写得不错啊！"何杰瞥了他一下，笑了笑，没搭话。刘毅接着说："汉字是方块字，其中既有力学，又有美学……"随后刘毅从古代的书圣王羲之，说到了当代的启功。何杰渐渐听得入了迷。

突然，刘毅话锋一转，说："常言说得好，字如其人。可惜啊，你的字却和本人不一样。"何杰愣了，问："怎么了？"刘毅趁热打铁："看你的桌下，乱七八糟，像个练书法的人吗？卫生和写字一样，都有讲究。一个字中，只要一笔没写好，整个字就逊色不少；在一个办公室，只要有一个人的桌下乱糟糟的，整个办公室的统一美就被破坏了。于人于己，都有害无益啊！"何杰听后，若有所思，从那之后，他的桌底下干净多了。

人都有自尊心，脱稿讲话一定要把握好人类普遍的心理特点。刘毅的比喻侧击法，既避免了直言不讳伤害到何杰，又用充分的理由使对方认识到了错误。

在日常生活中，有些话说轻了，解决不了问题；说重了，容易引起别人的难堪和反感，都达不到讲话的目的。有没有一种讲话技巧，既能把话说到位，又能收到良好的谈话效果呢？当然有！那就是上面所说的比喻侧击法。

在实际生活中，有的人讲话精神抖擞，巧舌如簧，出口成章，显示出超人的口才和气质，也博得了听众的喜爱和青睐；有的人窘迫不安，语无伦次，尤其在各种紧急情况下，常常笨嘴笨舌，缄口无言，让人大失所望。

其实，讲不好的主要原因，除了个人的心理素质外，更多的还是方法问题。因此，要想做到表达流利、口若悬河，就要善于运用一些正话反说、比喻侧击的技巧，这样，你在脱稿讲话时，才能走出困境，妙语连珠，赢得他人的赞赏和掌声。

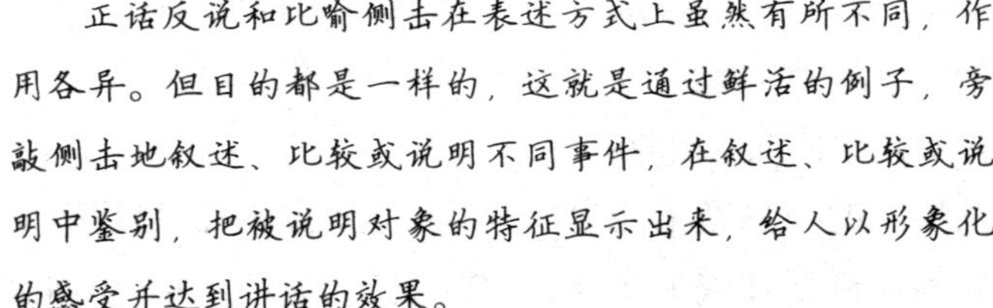

正话反说和比喻侧击在表述方式上虽然有所不同，作用各异。但目的都是一样的，这就是通过鲜活的例子，旁敲侧击地叙述、比较或说明不同事件，在叙述、比较或说明中鉴别，把被说明对象的特征显示出来，给人以形象化的感受并达到讲话的效果。

追根溯源探求法

我们在高中阶段学习议论文写作的时候，大都接触过运用追根溯源、探究原因的方法切分论点。没错，写议论文可以运用追根溯源、探究原因的方法切分论点，随时脱稿讲话同样也离不开“追根溯源，探究原因”的方法，为什么呢？这是因为无论我们的讲话发生在什么场景下，都需要有一个基本的观点和主旨，这就如同议论文中的论点一样，缺少了讲话的主题就如同无水之舟、无本之木，会成为东扯西拉的“杂谈”。

世界上的事总是不能尽如人意，有的人脱稿讲话毫无障碍，而有的人脱稿讲话却毫无章法，究其原因皆因不懂追根溯源、运用探究法找到讲话要领。找到了根源，就能在探求中拨亮话题的燃点，从而通过理解、引例、总结的方法，吸引听众，讲出风采。

2017 年五四青年节时，某公司组织了一场以“可敬的‘第一个’”为标题的演讲比赛，员工小赵经过多日准备，满怀信心地走上讲台。下面是她演讲的内容：

第一个发现新大陆的是哥伦布，第一个发明火车的是斯蒂芬逊，第一个驾着飞机飞向蓝天的是莱特兄弟，第一个发现万有引力的是牛顿，第一个发明活字印刷的是毕昇……，这些令人瞩目的太多的“第一个”大大推动了人类社会的文明、进步与发展。

在“第一个”成功中透着可敬的创新与胆识。因欲创新，则必破旧；欲破旧就必然会遭遇传统顽固保守的旧势力的阻挠，就必须具有超人的胆识。在神权统治下的中世纪欧洲，亚里士多德的自由落体理论被奉为金科玉律：质量不等的物体落地速度不同。年轻的伽利略经过反复研究，向这个“神圣”的教条提出了公开的挑战，宣称：在可忽略空气阻力下，质量不等的物体落地速度相同。人们嘲笑他，挖苦他，甚至有人骂他是疯子。但他毫不动摇，勇敢地在比萨斜塔上当众试验，终于推翻了统治人们1000多年的亚氏传统理论，建立了科学的自由落体定律。

试想，如果伽利略面对旧势力的反对胆怯了，那么亚氏理论还不知道要统治人们多少年呢！

鲁迅先生在《今春的两种感想》中深刻指出：“第一个吃螃蟹的人是很可佩服的，不是勇士谁敢吃它呢？……”

现在，我们正处在一个去旧推新的历史时期，中国人民正走着一条前无古人的改革创新之路，各行各业正涌现出许许多多可敬的“第一个”，我相信正是无数崭新的“第一个”，将给祖国带来光辉灿烂的明天！

谢谢大家！

小赵讲得头头是道，发挥得特别好。很多人都以为她的演讲一定能获奖。然而，直到颁奖礼结束，也没小赵什么事，这让小赵很无语。

当她垂头丧气离开会场时，担任本期演讲评委的办公室主任老刘拦下了她，经过一番交谈，小赵心悦诚服地点头。后来有人问到此事，小赵才将主任老刘的原话一股脑地道出：

演讲的主题不明确，主要原因是把中心论点与分论点混为一谈，甚至等同起来。演讲的重点部分只有几句话，着重阐述“‘第一个’的成功中透着可敬的创新与胆识”的观点，这只是一个分论点，与开头的论点等同了。所以，这个演讲，让人不知所云。

由此可见，一场成功的演讲除了内容不能空洞无物外，还应该确保中心论点的突出，并在这个基础上尽情地追根溯源，带领听众顺着你的语言思路，一同探求结果。而不是将其他无关的分论点也拿出来与主论点相互交叉，混为一谈。

还是以小赵的演讲为例，如果要获得好的演讲效果，就必须再切分一两个分论点，如在创造“第一个”的过程中，还要经常遭受无数失败的打击，正是它的来之不易，才让人感到“第一个”的可敬；“第一个”的可敬之处，还在于他们具有无私奉献的精神，甚至付出沉重的代价等。添加一两个分论点，讲话的内容就充实深刻得多。

从根本上说，随时脱稿讲话的主体就是在回答一个“为什么”的问题。当我们在讲述某个论点时，应该开动脑筋，多追问几个“为什么”。换句话说，就是把中心论点作为结论去追溯这个结论产生的条件和原因，或透过现象深入本质，或揭示问题产生的原因，从而形成连线，让讲话一气呵成。

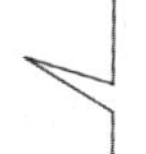

由于因果联系是存在于一切事物和现象之间的一种普遍联系，因此，运用追根溯源、探究原因法切分论点也是随时脱稿讲话中使用得较多的一种方法。

攻其一点定向法

人们常常有这样的经历，一旦要当众讲话，总感到无话可讲，或者只能用陈言去搪塞一阵，讲不出任何新东西。怎么办？不妨用攻其一点定向法。攻其一点定向法，简单地说，就是寻找一个切入点，然后将话题拉到自己熟悉的领域里去谈。由于攻其一点定向法多数是在不熟悉的话题中使用，所以，在讲话前浓缩话题很关键，这样才能集中精力抓住主要矛盾，实行“重点进攻，定向击破”的策略，以大量语言“断其一指”而获取满意的讲话效果。

2016年刚刚走上教师岗位的罗卫，第一次上讲堂，又是讲述《红楼梦》原著，这让他很是紧张。

他知道，《红楼梦》博大精深，学生有畏难情绪，况且，现在的学生学习任务繁重，要深入探究，简直就是“挟泰山以超北海”。

但是，又要知难而进，毕竟，《红楼梦》是我国的文化瑰宝，继承祖国优良的文化传统是我们的使命。说得功利一点，这也是考试需要，无论是旧“大纲”，还是新“标准”，都要求学生阅读一定数量的文学作品，这使得这些阅读篇目从考生可自主选择变成必读。列入考试范围的长篇小说有9部，《红楼梦》就是其中之一。

他曾做过调查，在我国，真正把《红楼梦》120回读完的同学几乎是凤毛麟角，更多同学是看过一点，就知难而退，把书束之高阁了。如何引导，这是教师的任务和责任。

他以为，要求学生全面学习整部著作，是不现实，强人所难的。应该结合学生实际，掌握著作精髓，抓住主要矛盾，“攻其一点，不及其余”，把容易并且非懂不可的内容吸收消化，为他们以后的“可持续性学习”奠定基础。

他通过认真准备，仔细斟酌后发现，面对博大精深的红楼知识，完全可以采取在大学所学的攻其一点定向法进行授课。于是，他从进入教室时就打定了主意。

他首先简略介绍了一下作者后，便从绝句“满纸荒唐言，一把辛酸泪。都云作者痴，谁解其中味”开始，先讲述作者的苦心和伟大，再联系“郊寒岛瘦”，以扩大知识面，然后介绍了曹雪芹一家从“钟鸣鼎食”之盛大到抄家破产之变故再到“举家食粥”的凄凉，让学生为艺术家的清贫和执着洒一掬同情泪，生一份敬意，心灵受到荡涤和净化。

《石头记》这个书名的由来涉及一个神话故事，女娲补天的故事一说出来，课堂气氛便轻松活跃了起来，罗卫知道，自己的讲课初战告捷。接下来，他继续讲述其他名字的寓意，如:《风月宝鉴》则戒妄动风月之情;《情僧录》指宝玉有情人做了和尚;《金玉缘》记金锁与宝玉相配的姻缘;《金陵十二钗》则明指书中十二女主角的故事等。至于《红楼梦》，本是太虚幻境中警幻所演之曲名，古代的“红楼”是指富豪权贵人家妇女所居的华丽楼宇,“梦”则是“本书主旨”之所在，在提纲挈领的《红楼梦引子》中，作者就明确指出要演出“悲金悼玉”之“梦”。

这部分内容教学，罗卫采取了一问一答交流互动的方法，让学生初步感受知识的丰富，自己是“渺沧海之一粟”。

由此，罗卫通过攻其一点定向法讲课，让学生在对著作的一声声赞叹中，体验到了“仰之弥坚，钻之弥深”的道理，也让自己在走上讲台的第一天便赢得了掌声。

俗话说:“良好的开端是成功的一半。”罗卫讲课成功的秘诀，就在于先声夺人，攻其一点，不及其余，从而吸引了学生们的注意力，也激起了学生们对话题的兴趣。

攻其一点定向法就是演讲者从事物的整体中任意地抽出细枝本节的一点作理由来为整体作解释，或借以反对整体。

任何事物都有其“面”，也有其“点”。这里的“面”是指事物的整体及发展的全过程；“点”则是事物的某一方面、某一部分，或发展过程的某一阶段。

“点”和“面”是互相对立的，又是互相依存的。“面”不能离开“点”而存在，“点”也可以制约着“面”。某些有关键意义的“点”的变化也往往影响到“面”的变化。

因而，在讲话过程中，应当尽可能针对论述的某些关键的“点”发起“攻击”，以达到突出主题的目的。

攻其一点定向法要能一举取胜，关键是要选准“点”，要善于洞察为一般所忽视的却能置论点为明晰的蛛丝马迹，然后出其不意，攻其一点，给讲话以强烈的画面感和标题感。同时必须注意，选准的“点”与我们的推断必须有必然联系。

楚国大夫登徒子在楚王面前说宋玉的坏话，他说：“宋玉其人长得闲静英俊，说话很有口才而言辞微妙，又很贪爱女色，希望大王不要让他出入后宫之门。”

楚王拿登徒子的话去质问宋玉，宋玉说：“容貌俊美，这是上天所生；善于言词辩说，是从老师那里学来的；至于贪爱女色，下臣则绝无此事。”楚王说：“你不贪爱女色确有道理可讲吗？有道理讲就留下来，没有理由可说便离去。”

宋玉于是辩解道：“天下的美女，没有谁比得上楚国女子，楚国女子之美丽者，又没有谁能超过我那家乡的美女，而我家乡最美丽的姑娘还得数我邻居东家那位小姐。东家那位小姐，论身材，若增加一分则太高，减掉一分则太短；论其肤色，若涂上脂粉则嫌太白，施加朱红又嫌太赤，真是生得恰到好处。她那眉毛有如翠鸟之羽毛，肌肤像白雪一般莹洁，腰身纤细如裹上素帛，牙齿整齐有如一连串小贝，甜美地一笑，足可以使阳城和下蔡一带的人们为之迷惑和倾倒。这样一位姿色绝伦的美女，趴在墙上窥视我三年，而我至今仍未答应和她交往。登徒子却不是这样，他的妻子蓬头垢面，耳朵挛缩，嘴唇外翻而牙齿参差不齐，弯腰驼背，走路一瘸一拐，又患有疥疾和痔疮。这样一位丑陋的妇女，登徒子却与之频繁行房，并且生有五个孩子。请大王明察，究竟谁是好色之徒呢？”

宋玉在这里不管登徒子历来的道德品质如何，也不管对方有没有不正当的男女关系，仅仅根据他同面貌异常丑陋的妻子感情好，生下五个孩子为理由，断言登徒子是好色之徒，这是典型的攻其一点定向式语境。

攻其一点定向法在运用时必须人为地把事物之间的多重关系加以割裂和缩减，然后把割裂和缩减后的关系在事物中的作用加以夸大，并以此为论据，推出不具逻辑必然性的结论，这是一种颇具迷惑力的机智讲话术。

【脱稿范例】

劳埃德·布兰克费恩：我们犯下的错误难以言尽（节选）

早上好！很荣幸有机会在这里讲话。20 多年来，机构投资者委员会致力于创造可靠、透明、负责任的价值，我们的团队多年来坚守了这一信条，并发挥了巨大作用。我为此感到高兴和自豪。

但下面我要说明的观点也是显而易见的，自去年经济危机以来，我们的行业威信严重下降了。公众信心由于现实和期望差距太大而大大受挫。我们自认为是专家，他们的这些期望是我们给予的，但受挫的信心也是我们导致的。当然，重建信心还要多加时日。更糟的是，在事后补偿金和补救措施的安排上，显示出我们各自的贪婪和自私自利。

我们犯下的错误难以言尽，但更重要的是吸取教训，困难时期下一步要怎么做。

对整个行业来说，风险和控制功能要和业务单元完全分离。风险与控制经理向谁报告，很显然与其独立性密切相关。风险部门经理至少要和收入产出部门的经理地位同等，这一点不能忽视。

如果对风险极限有争议，应该首先听取风险部门经理的意见。

我们要对行业内如何发放补偿金制定基本标准。补偿金要反映出个人的判断价值和收益能力，包括他/她对客户权益的帮助、对公司名誉的作用和使市场更加有效的贡献。

……

此外，为了整体增强透明度，管理者必须要求用类似的方式进行资产评估。使用公允价值会计法就能使资产负债表风险更加清晰，让我们的投资者能直观地看到。

正如在近期G20峰会达成的共识一样，全球金融监管机构间的沟通和协调水平可以反映出世界市场的交互程度。监管机构应该共享和发布更丰富、更统一的信息，为金融机构和市场参与者提供系统有效的报告。

……

我想以这样的理念作为结语：我们奋斗不是为了别的，只是为了每个人当下的健康和安全。我们从来不会忘记经济增长的成果——全面的健康护理、优越的教育条件、低犯罪率、宽容分歧、社会活力以及对政治民主的贡献。

在许多方面，改变就是命令。我们必须修复金融体系，振兴监管机构。我们的金融系统植根于为创新理念运作风险投资的信念，它已经创造出前所未有的长期经济增长与稳定。

我们必须保证风险投资的价值，因为这是资本主义的核心。同时，通过有效、有益、有利的监管，提振投资者信心。毋庸置疑，没有信心市场就难以繁荣。

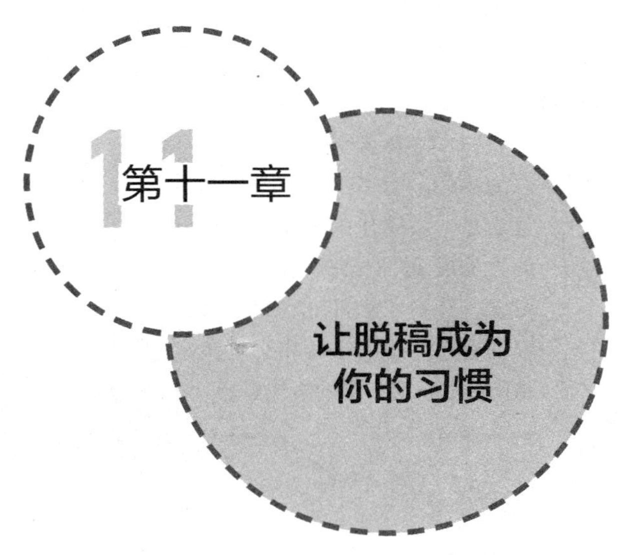
11
第十一章
让脱稿成为
你的习惯

子贡曰：“君子一言以为知，一言以为不知。言不可不慎也！”脱稿讲话是一种素质的体现，也是一种能力的展现。当脱稿讲话成为一种习惯，我们才能真正成为大众所仰慕的对象，才能带动和影响大家，从而形成求真务实的新气象。

即兴发言的四大特点

只要开口讲话便可以看作是演讲。演讲有两种形式：一种是有准备的演讲；一种是在某个环境中和某种事物的引发下，个体突然毫无征兆地被邀请发言。简单地说，这种发言，一般都是在你毫无准备的情况下进行的，因此称之为“即兴演讲”。这是一种不凭借演讲稿而表达的口头交际活动，演讲者根据实际情况或现场氛围有感而发、触景生情进行演讲。因此，这门技巧对于我们每一个人来说都非常重要。

我们先来看一位领导在玉树灾区的讲话，体会一下即兴发言的独特点。

玉树，受到了一场特大的地震灾害，党中央、国务院十分关心这里的各族人民群众，现在摆在我们面前的第一位任务是救人。我们已经派来了大批的救援队伍，还要增加新的救援队伍，只要有一线希望我们就会尽百倍努力，绝不会放弃！

各族的乡亲们，兄弟姐妹们，你们遭受的灾难就是我们的灾难，你们的痛苦就是我们的痛苦，你们失去的亲人也是我们的亲人，我们和你们一样，向他们悼念，我们心里非常难过。

目前，还处在救人的关键时期，我们要团结一致，把救援工作做好，同时请大家放心，我们一定会把这里的生活安排好！

领导只用短短200多字的发言，就明确表达出了党中央对灾区人民的深切关心，充分表现出了自己对受难群众的深切关怀，其讲话感情丰富，对人民群众的重视溢于言表。

即兴演讲对一个人的口才和情商要求很高，它跟脱稿演讲的区别在于是否提前有充分的准备时间。因此，如果你没有掌握这门技巧，遇到事情就会经常头脑空白、无言以对，甚至说话颠三倒四、词不达意、结结巴巴。领导干部更应该注重培养这方面的能力。我们每个人都希望在社会舞台上能够充分展示自己，在任何场合中都能说会道、谈吐大方。

因此，即兴演讲就必须有章有法，以避免上台后语无伦次，开口失去章法。具体来说，即兴演讲有四个特点。

时间短

即兴演讲是在毫无准备的情况下发表的演讲，所以演讲时间比较短。从演讲者角度来分析，很少人可以真正随时出口成章、滔滔不绝、语出惊人，即使是天生口才好的人，讲得多的时候也容易产生很多废话，很难做到言之有物。而从听众角度分析，需要即兴发言的场合，听众大多也是未经过组织的，根本没有做好听长篇大论的时间和心理准备。

因此，演讲时间过长就会造成听众听力疲劳并引起反感。除非是演讲者的演讲真的精彩绝伦，才能使听众听得浑然忘我。

语言精练

即兴演讲需要遵循“篇幅短小、抓住由头、迅速组合、言简意赅、达意为止”的基本原则。而且，还要做到有理有据，不能信口开河。

除此之外，演讲还要做到逻辑清晰、条理分明，让大家很快就能明白你发言的核心思想。总之，即兴演讲虽然没有提前准备，但也要言之有物，内容充实而具体，不说空话、大话，避免主题不明。

针对性强

即兴演讲要做到联系现实，不能胡说八道。即兴不是东扯西讲、天马行空地乱说一气，要注意针对性和时境感，能够瞬间进入角色。因为即兴演讲一般都是应时应景，有感而发，不能天马行空地乱说一气。比如领导干部在视察工作时的即兴发言，肯定跟视察的工作内容有密切联系。再比如，在年会上，领导突然被邀请上台总结发言，肯定是和前面环节或当下的情况有密切关系。所以，你讲的每一句话都不能跑题，都要做到条理清晰、逻辑分明，让听众清楚明白。

注重礼节

即兴演讲时一般和听众的距离很近，所以更要注意演讲中的礼仪细节。比如一些适当的目光交流和微笑，能够拉近和听众的距离。同时，演讲者要做到谈吐大方、行为自然。即使听众都是你的下属，也不要盛气凌人。

前面虽然说了很多即兴演讲的特点，但关键还在如何去抓住它，这当然也离不开实际的练习。这就好比学习游泳，无论你看了多少教人游泳的书，也不管你自己在脑中进行了怎样的琢磨与总结，总不如实际下水游一游的效果好。

> 脱稿讲话的语言从口语表述角度看，必须做到发音正确、清晰、优美，词句流利、准确、易懂，语调贴切、自然、动情。

竞聘（岗）演讲“三大纪律”

随着用人机制改革的不断深入，竞聘上岗已越来越多地受到各级领导和群众的关注。而竞聘（岗）演讲作为一种直抒胸臆、发表“政”见的重要形式，被越来越多地广泛应用，逐渐成为人们考察一个人综合素质的有效方法。那么，如何在众多的竞争对手中脱颖而出，是参与者必须认真思考的问题。

演讲是竞聘（岗）的重要一环。竞聘（岗）演讲必须恰当地展示自己能“醉倒群芳”的实力，用自己优于别人的条件服人。

下面是一个竞聘办公室秘书的片断：

刘毅竞聘的岗位是秘书，但他有一个最不利的条件，即学历。按规定本次招聘要求竞聘者需具有本科以上的学历，而刘毅仅有大专学历，而且还是自考。好在任何事情都不是绝对的。刘毅除了出示自己大专三年来在某杂志上发表的论文外，还出示了各类获奖证书以及最近八年来自己发表在杂志上的文章目录和公开发表的100多篇论文汇集，并突出展示了自己撰写的关于领导科学与艺术的文秘调查报告。

有了这些铺垫，评委一致认可，并给了刘毅竞聘演讲的机会。

经过认真准备和思考，他觉得，自己竞聘秘书，本来就在学历条件上落后别人，如果打肿脸充胖子一定让人厌烦，将给最后的认定留下不好的印象。于是，他决定在脱稿演讲时除了陈述自己的优势外，尽量低调示人。因此，上台他便大讲自己的劣势，诸如，高学历的好处，自己的差距在哪里等。而在给自己“抹黑”之后又趁机“亮”出自己几条压轴的优势，评委及观众听后对其实力已然心悦诚服。随着前面应聘（岗）“选手”的一个个走下台，刘毅这种自我“矮化”的清新演讲风格，不但没有减分，相反，恰恰是这种诚实的话风给了评委们“可靠”“诚恳”“务实”“不显摆”的深刻印象。

最后，刘毅顺利通过应聘考核，赢得了办公室秘书的岗位。

人格与气度、礼貌与聪慧、诚信与机智等素质，是一个人立身处世的主要因素，刘毅竞聘时，自然关注到了这些。

纵观应聘（岗）演讲，有成功，就必定有失败。总结这些失败者的不足，大致可以看出其失败的原因。

吐词不清，含混模糊

竞职演讲一般要求演讲者在有限的时间内，言简意赅地把自己的基本情况、工作特点、工作设想向听众一一道来。但是有的竞职演讲者却不善于把握演讲的“轻重缓急”，虽然将整个演讲“一气呵成”，但因吐词不清，或语速过快，使听众不知所云。

狂妄自大，目空一切

有的竞职演讲者过高地估计了自己的能力，在谈工作优势时好提当年勇，自认为条件优越，竞聘职位“非我莫属”，做好工作不过是“小菜一碟”。在谈工作设想时，脱离实际，来一些“海市蜃楼”般的高谈阔论，极易引起听众的反感。

妄自菲薄，过分谦虚

竞职演讲要求竞职者客观公正地评价自己的竞争优势，大胆发表行之有效的“措施纲领”。但有的竞职演讲者却唯恐因自己的“标榜”，而引起评委和公众的不悦，把对自我的认识和评估低到“水平线”以下。这种过分谦虚的表达，不仅不能反映自己真实的能力、水平和气魄，也不利于听者对你做出正确的评价。

信口开河，杂乱无章

竞职演讲具有较强的针对性和时效性，竞职者必须在事前对想要争取的职位做大量的调查研究，从而全面了解职位特征和胜任这一职位应具备的素质，然后在所述的内容上做文章。有些竞职演讲者对自己要竞争的职位，没有一个完整清晰的认识，导致竞聘演讲时抓不住工作重点，对于一些鸡毛蒜皮的小事总是翻来覆去地解释，不仅自己说不明白，听众也搞不清楚。

应聘（岗）演讲也是脱稿讲话的一部分，它区别于其他书面表达文章和会议文书。大部分的书面性文章，讲究规矩，虽然由某一领导在台上宣读，但听众手中一般也有一份印制好的讲稿，一边听讲一边阅读，自然不会有什么听不明白的地方。但应聘（岗）演讲属于被动式讲话，显然没有这个优势条件，它要求的是随性、自然、即兴发挥。为此，这样的演讲或讲话，必须讲究“上口”和“入耳”。所谓“上口”，就是讲起来要通达流利；所谓“入耳”，就是听起来要非常顺畅，没有什么语言障碍，不会发生曲解。具体来说，就是三大“纪律”约束：

一是“德”。竞聘人演讲时，要用自己的内涵力量去感染并打动评委和听众，既要展示才华，又要展示技巧。竞争固然无情，但不能以诽谤和贬低别的竞聘者来树立自己的形象。参与竞争的过程中，有些细节也不可不注意，因为评判者很可能就要从这些细节中来考察你的素质。比如在现场设置一些“举手之劳”的事看你是否“躬腰”；故意让你久等，看你是否烦躁。现在竞聘者中大学生数不胜数，因而用人单位更希望找到有才更有德的人。

某局招聘副局长时，评委有意在通往主考室的楼梯上安排了上访者，使其拦住他们并要见主要领导“理论理论”。不少应聘者以我现在还不是办公室的人为由，视而不见，或绕道而走，或挣脱逃身。

只有一位参聘的年轻女士耐心询问上访者的苦衷，倾听他们的意见和呼声，俨然以自己是该局一员的身份耐心细致地对他们作解释说服工作，并表示一定将他们的意见转告领导，请求领导督促当地尽快解决。

她在应聘演讲中有这样一段话：做人，人格是第一位的。我一直这样评价自己：水平三流，知识二流，品德一流。我深信本局需要高水平的副局长，我过去那些所谓的辉煌肯定微不足道，但是我也深知，副局长的工作成功也在很大程度上取决于自我的修养。

评委当即报以热烈的掌声并打开了电视机，直到此时，她才发现所有人的言行都在评委的监视之中。她被现场录取了，因为她拥有应有的谦虚、尊严、理智以及应有的人生观、价值观、世界观。

二是“真”。演讲是一个人外在形象和内在素质的综合体现，扯下假面具，袒露真个性。展示一个真性情的自我。

三是“活”。应聘（岗）演讲，貌似是严肃、凝重的讲话场合，其实不然，它要求的往往是在过程中考察一个人的综合素质（包括性格、处世能力、协调性等）这就要求你的演讲不能呆板，要灵活、风趣。

耳目一新、与众不同是征服评委的妙策。思维的独特，观点的独到，表达的新颖，是竞聘者努力的方向。

> 不要墨守成规、故步自封地照抄照搬没有生气的演讲。改革的年代，要勇于大胆创新，这是时代的需要，也是应聘成功的“纪律”要求。

开幕致辞六条纲领

脱稿讲话中开幕致辞和祝词、欢迎词等都是领导者最常用到的讲话方式。它是一场活动的“开场锣”，怎么敲、何时敲、敲在什么地方等都会影响到会场气氛和听众情绪，它是引领活动开展的重要保证。但如果稍不留意就会适得其反，甚至弄出笑话。

来看一个失败的开幕致辞：

尊敬的各位来宾，老师们，同学们：

早上好！

今天，我们在这里隆重庆祝2016第一届（实为第六届）数学大赛（实为华北分赛区）。首先我代表××学院向参加大赛的学生来宾（用词不当）、各位老师、同学表示热烈的祝贺！（大赛还没开始，祝贺什么？）××学院一直以培育应考英才，服务高考为己任，坚持国际化的备考特色，立足数学，面向物理和化学（文不对题，笑），积极支持老师和家长展示自己的风采（跑题，笑），促进家庭教育和企业的联系等，共同发展。（笑）

这次大赛得到了市发展银行、《管理学》杂志等企业的赞助和大力支持，保证了参赛选手取得了较好成绩（还没比赛，何来成绩），在此一并表示衷心的感谢。

最后祝获奖的同学身体健康，事业兴旺（学生还没毕业），祝老师们、同学们家庭幸福，身体健康！

很明显，这是一次心不在焉且漏洞百出的开幕致辞，不仅让听者不知所云，同时也严重干扰了会议的进程，明显反映出领导者水平低下。生活中这样的事例还有很多，很多人在开幕致辞时不管主题，不计影响，不顾感受。

总体看，开幕致辞，绝大多数都是脱稿讲话，所以更应该细心准备，应景应时。其实，开幕致辞有“对眼前的事物有所感触临时发生兴致而发言”这一鲜明的特点。具体表现在：

1.即时性。随即产生感受，随即构思框架，随即发表讲话。开幕致辞发言必须做到快速准备，一般要在 3 ~ 5 分钟内完成构想，随后便要在听众面前侃侃而谈。

2.感性。开幕致辞讲究“有感”。“有感”指发表的是自己的感触、感受，这就要求致辞以说“景”为主，针对当时的情景、会议的内容、听众的情绪，有的放矢地发表讲话。

3.鲜明性。开幕致辞是一个会议或一场活动的“发令枪”，有别于临时穿插的简短的讲话，所以在发言时要禁绝一切空话、套话，务必旗帜鲜明，中心突出。

上述特点决定了开幕致辞构思的基本途径与技巧。一般来说，开幕致辞时，一定要切实掌握以下六个“纲领”：

纲领一，做好“三定”。在接到开幕致辞的邀请时，要快速确定话题，快速确定观点，快速确定范围。没有话题，就没有目标，没有入门之路，没有思考的方向；没有观点，就没有主题，没有核心，没有思考的基点；没有范围，就没有框架，没有限制，没有思考的约束，无法快速构思成篇。因此，“三定”是开幕致辞的第一件大事，第一步工作。

某校有位学生会主席，参加一个以“关于培养良好学习习惯”为主题的班会，他临时被班长邀请作即席发言。他先快速确定话题：“三岁定八十”；再快速确定观点：青少年时期养成的良好习惯将影响人的一生；然后快速确定范围：中外成功人士如何在年幼时培养好习惯，当代学生如何培养好习惯。“三定”使他成功地快速构思，面对“突然袭击”仍能从容不迫，应对自如。

纲领二，做好“四问”。构思开幕致辞时必须向自己提出四大问题：什么时间、什么听众、什么场合、什么内容。这“四问”能从四个方面约束思路，快速构思开幕致辞的框架。

有位因家庭动迁而转学到某校就读的高二学生，在新学期伊始的班会上接到班主任让他作开幕致辞的通知，他在极短的时间里快速“四问”，得到的答案是：新学期面对新伙伴、新老师，在气氛热烈的迎新(新世纪、新学年)场合中，在其他人已经说了许多迎新决心的时候发言，必须特别注意“针对性”，开幕致辞的内容既符合听众需要，符合会议主题，又要具有新鲜感。他巧妙地由“迎新”想到“辞旧”，要迎新必先辞旧，要和这么好的新伙伴、新老师一起学习，必先“辞”掉自己身上的种种“旧”习惯、“旧”方法、“旧”想法。于是他以“辞旧迎新”四个字为中心，迅速构想的一席符合“四问”结果的开幕发言，不出意外地获得了热烈的掌声，同学们兴奋地评价：来了一位“出口成章”的“口才专家”。

纲领三，做好“五借”。开幕致辞要有可循之路，这些思路可归纳为“五借”：借题发挥、借事发挥、借景发挥、借地发挥、借话发挥。

纲领四，做好“借用”。即巧妙地借用会议内外的一些事情，找出这些事情与会议主题的某些关系，进而深入阐述。

一位全国人大代表在小组讨论会开幕致辞时，桌上有橘子招待。另一个代表吃橘子后说牙齿不好，吃一个就不能再吃了。于是，致辞代表便借用这件事发挥，快速构思了一席很成功的发言：

我昨天掉了一颗牙，我的孙子最近也掉牙。我们两人掉牙有本质不同。我掉牙是衰老的表现，而我孙子掉牙却是成长的象征。同样，改革中出点问题，就像小孩子掉牙一样，是新生事物发展中的问题。前进中的问题，本身就包含着解决问题的因素。只要继续前进，问题就会解决。

这席话中借用“掉牙”的事与改革中的问题作类比，形象、生动、自然。作开幕致辞时，如果能从生活里新鲜有趣的事情中借用一两件，以此同类相比，深入问题的本质，常能取得意想不到的效果。

纲领五，做好“鼓动”。开幕致辞是一门艺术。好的开幕致辞有一种激发听众情绪、赢得好感的鼓动性。要做到这一点，首先演讲的思想内容要丰富、深刻；其次要见解精辟，有独到之处，发人深思；最后语言表达要形象生动，富有感染力。如果开幕致辞平淡无味，毫无新意，即使在现场“演”得再卖力，效果也不会好，甚至会适得其反。

比如，法国前总统戴高乐在第二次世界大战期间的英国伦敦做的演讲《告法国人民书》，号召法国人民行动起来，投身反法西斯的行列。这类演讲的特点是鼓动性强，多以号召、呼吁式的语言结尾。演讲意在使听众激动起来，在思想感情上产生共鸣。

纲领六，做好“明志”。卒章言志是开幕致辞常用的一种结尾方法，主要是指致辞者表明自己对会议或者活动的期待和希望。

在村委会主任选举的开幕致辞会上，一位领导在致辞时这样说：“我虽然没有决定谁能当选村委会主任的权力，但我有为官一任、造福一村的渴望。不管是谁选上村委会主任，我都希望他实现带领××村勤劳致富奔小康的目标，让咱村改变面貌，让大家人人抱上金饭碗。”

这位领导“明明白白”表达了自己的信心和决心，使听众很快由怀疑、惊奇变为期待和亲近。话音刚落，台上台下便掌声一片。他的真诚致辞深深感动了乡亲们，不少人都流下了热泪。

> 用目光和观众说话，可以先从那个你感到最亲近的人开始，用目光告诉他，你感谢他的关注。然后，把所有的听众都当成你的大哥大姐或者老师朋友。

答谢致辞“一”定要讲

答谢致辞是宾客对主人的热情接待与关怀表示感谢时发表的讲话。因此要饱含感激之情，答谢对方的友好情谊，倾吐自己的心声。简短性答谢致辞主要是出于礼节上的需要，很多实质性的问题应在其他场合去说。同时，由于场合的限制，答谢致辞不宜长篇大论，只需简洁、明快。但答谢致辞的主题“一”定要讲。

主题就是统观全体，把与讲话有关的纷繁杂乱的事项统摄在一个普遍的概念下面，从而得到一个精确的定义，对要讲的事情一目了然。

任何一次答谢致辞都必须有主题。答谢致辞没有主题，就相当于人没有灵魂、军队没有统帅，别人听了答谢致辞后，也不知所云。甚至认为你在应付，没有诚意。那么，答谢致辞这个“一”（主题）既然如此重要，又应该如何确定呢？

第一，态度要诚恳。进行答谢致辞时态度必须诚恳、谦虚。为确保主题的正常表达，你的一字一句都应该给听者以温暖，千万不可将答谢致辞讲得高亢激昂，甚至盛气凌人。只有诚恳、谦虚，别人才会发自内心地接受你所传递出来的“致谢”信息。

第二，主题要正确。观点和态度不同，对事情的主张和看法就不同。积极的、进步的主题，对今后的合作、感情的深化都能起到推动和促进作用。

第三，主题要新颖。要站在听众的角度构思致辞，他们需要获取新思路、新观点，没有人喜欢“老生常谈”。所以，一篇质量高的答谢致辞，必然有新内涵、新观点。

第四，主题要鲜明。“鲜明”二字有两层意思：一是听后让人马上知道你讲的“辞”意是什么；二是听众一听就知道你的观点是什么。态度要明朗，不能吞吞吐吐、模棱两可，让人听了不得要领。另外主题要集中。古人讲：“意多话乱”。意多，就是答谢致辞一会儿谈东，一会儿谈西，貌似什么都在答谢，其实说得杂乱无章，听众根本不知道你要讲什么。意多，也意味着要做到面面俱到，所以哪一点也讲不透彻。因此，只有答谢致辞找准主题，才能有一番精彩的发言。

第五，风格要轻松。发表答谢致辞时，要把握好自己思维、语言的特点，风格要轻松。这类讲话，最忌千篇一律地用“谢谢”应付，平淡无奇。答谢致辞要有自己的风格，才能吸引听众、打动听众。

讲好答谢致辞是一门学问，一门艺术，也是一个工具，是拉近干群关系、客户关系、亲友关系的有效途径。

> 答谢致辞不应有固定的章法，其内容应随答谢的场合适时变化，不仅要做到态度诚恳、思路清晰，而且要做到言之有理、主题明确。

动员号召三个“不忘”

动员号召，是指发动人们参加某项活动的一种讲话。动员号召的概念伴随动员的概念而产生，在古代虽然没有“动员”的概念，但在战争爆发前后有发布誓言或檄文的活动，其实这就是古代的战争动员号召。

老师们、同学们：

大家早上好！今天，我讲话的题目是“发扬爱国主义精神”。

要热爱祖国，就要有爱国主义精神。

中华民族是一个伟大的民族，爱国主义精神是我们这个民族最美的花朵。爱国，是一个神圣的字眼，在历史发展的曲折过程中，爱国主义历来是我国人民所崇尚的。进入21世纪，我们伟大的祖国日益繁荣昌盛，爱国主义更应该成为这个时代的最强音！爱国主义是我国各族人民团结奋斗的光辉旗帜，是推动我国社会历史前进的强大动力，而爱国主义教育无疑是最重要的教育！

同学们，我们作为新世纪的青少年，是祖国的希望，祖国的未来必将属于我们。因此，大家更要继承和发扬崇高的爱国主义精神。继承和发扬爱国主义精神，要体现在行动中。如果祖国需要我们抛头颅、洒热血的话，每一个有正气的中国人都会毫不犹豫地为国捐躯。但是，现在我们生活在和平年代，祖国并不需要我们上战场。我们应该如何来爱国呢？作为学生我们首先要做到的是热爱自己的学校。一个连自己的学校都不爱的学生，又怎么可能爱自己的国家呢？热爱学校是一种非常具体而切近的行动。××大学为我们提供了优良的学习环境，老师为培养我们同学成才而兢兢业业，这里是我们成长的摇篮。作为××大学的学生，我们没有理由不去热爱自己的学校。每一位学生都要像爱护自己的眼睛一样去维护学校的形象和荣誉；我们要真心实意地尊敬我们的老师；我们要自觉地保护校园的一草一木，创造和谐的学习环境；我们还要像对待自己的兄弟姐妹一样去热爱学校的每一名同学，让我们互爱互学，一起快乐健康成长！我们要珍惜时间，刻苦学习，努力拼搏，争取优异成绩，以此来报答学校，报答我们敬爱的老师！

爱国，是至高无上的品德、是民族的灵魂。亲爱的同学们，为了学校的荣誉、为了我们肩上的重任，为了中华民族的腾飞，让我们努力学习，做一个无愧于人民的具有爱国主义情怀的合格大学生吧！

从这篇动员号召可以看出，成功的动员号召，能够鼓舞士气，感召人心，坚定意志，增强信念。好的动员号召为克服困难、战胜自我奠定了坚实的精神基础。

动员号召是讲话者的“战斗”文书，就其内容来说一般包括：当前态势和企图；上级的决心和活动的目的；完成活动的意义；开展活动的条件(有利和不利条件)；对各类人员的不同要求；展开活动的战斗口号，等等。

想要讲好动员号召，就必须根据它的特点掌握表达技巧。一般来说，一篇好的动员号召包括“三个不忘”：

不忘鼓动性。鼓动性是动员号召的主要特点。要使动员号召具有鼓动性，一是要树立必胜的信心。士气来源于信心，无论是内容的安排，还是材料的选择，都应围绕这一目的而展开；二是要善于选择能够激励士气的材料。经验证明，目的的艰巨可以激起听众搏击的信念，可以唤起听众的责任感、义务感，激发听众的英雄主义；

三是适时提出简短有力的口号。简短有力的口号，是激励听众冲锋陷阵的精神动力。

不忘针对性。针对性是衡量动员号召质量高低的基本尺度。动员号召的主要目的是思想发动。只有摸清听众的思想，掌握听众的思想变化，才能有的放矢地解决动员号召普遍存在的某些思想问题，有效地发挥动员的思想鼓动作用。因此在讲话前，一定要进行深入的调查，主动了解客观情况，及时把握听众的思想脉搏，这样才能讲出联系实际、有的放矢、鼓舞士气的动员号召。

不忘战斗性。战斗性是对动员号召的一个基本要求。动员号召的讲话，是一种激情的燃烧。只有胸怀激情，才能用富有感染力的语言，点燃广大听众奔向目标的强烈火焰，从而将单个的精神力量凝结成团体的精神力量，进而转化成无往不胜的整体战斗力，以压倒一切敌人的英雄气概，去争取胜利。

历史上，“打过长江去，解放全中国”的伟大号令，曾激励过无数勇敢的战士为全国的最后解放而英勇向前；“抗美援朝、保家卫国”的战斗动员，又曾呼唤过多少祖国儿女在朝鲜战场上浴血奋战。由此可见，根据情况，提出反映目的、决心和必胜气势的口号，是十分必要的。

汇报不脱稿，八股满地跑

汇报，是向上级汇报情况，让上级了解下情，或请求上级帮助下级解决问题的一种讲话方式。汇报讲得好不好，不仅会影响领导的决策，也会影响到上级对下级的帮助。

先来看汇报不脱稿的“众生相”。

自始至终一个调

从头至尾，都是一个声调念稿子。无抑扬顿挫，干干巴巴，再好的汇报，到了这样的人嘴里，也会情感衰减，效果大打折扣。当然，我们不提倡汇报无论在什么场合都带着丰富的感情。在一些重要会议场合，像党代会、人代会等，念稿子就不能有太多感情色彩，这样才显得庄重、严谨、标准、规范。但是，一般的汇报讲话大多是谈工作、讲差距、希望得到帮助，所以这些场合需要一定的感情。

照本宣科“矢志不渝”

讲者照本宣科，听者昏昏欲睡。这是汇报的一个很大的弊病。此类汇报结束，巴掌声也很响。这种“响”往往不是认可，而是“终于讲完了”之后的“欢送”。

汇报讲话不抬头

有些汇报者在讲话的过程中，自始至终很少抬起头来！即便抬头，也是象征性的，然后迅速低下头。汇报者对讲话稿内容不熟，肯定是其中一个重要方面。因为不熟，怕抬头打乱了自己的视线，再低头时找不到前次念的段落章句，闹出笑话，有损面子。面对听众的目光，汇报者却始终低着头念稿，怎么看都像是在做指示、提要求，而不是汇报工作。

刻意追求“四六句”

四六句多以四字、六字相间成句，起于中、晚唐，是典型的八股式。它的好处是什么呢？就是讲得特别优美，充满了一种美的仪式感，听起来确实悦耳动听。缺点是什么呢？就是由于过分注重美感，使其逐渐走向了形式主义，妨碍了汇报内容的表达，成为讲话的桎梏。如果一个人提前准备的讲话，把重点放在了形式上，在内容上花的时间必然就少了，势必难以让听者“嗨”起来。

东拉西扯不着边际

听众最怕的不是汇报时间长，而是不仅汇报时间长，汇报内容还不着边际，讲的都是无关紧要的事，或是听者不愿意听的事。出现这种情况的原因多是讲话前准备不足，不知道该讲什么，又怕讲不到位，干脆多讲几句。结果讲得越多，越绕越远。口出万言，离题万里。

这样的八股式汇报，在现实生活中还有很多。因此，我们要从中总结经验，一次好的汇报，至少应把握以下五个方面。

定位准确，对味开口。高明的医生总是对症下药，合格的厨师善于因人用料。同样道理，汇报也有个是否“对味”的问题。这里说的“对味”，其实就是定位准确，主要包括两层意思。

一层是角色定位要准确，弄清由谁汇报，向谁汇报。知道向谁汇报就定下了汇报的大致基调。通常情况下，向直接上级汇报应尽量具体，向高级领导机关汇报应相对概括，向主管汇报应多讲全局上的问题，向副职或部门领导汇报应对其分管的工作有所倾斜，向机关汇报则应多讲些闪光的思想、鲜活的事例等等。

另一层是主题定位准确，弄清讲什么、从什么角度讲。上级听汇报，目的性非常强，汇报应围绕上级的需要。开讲之前，要认真领悟上级的预先通知，及时明确是向哪一个层次的领导汇报，是在什么场合，讲给谁听，由此来具体选择材料和构思内容。如果不把上级要求弄清楚，单凭主观愿望去讲，可能会出现上级想听的没听到，不想听的讲了不少，结果只能劳而无功。

重点突出，详略得当，这是汇报的共性要求。汇报所讲的思想要紧紧围绕主题展开，所涉及的内容要紧紧围绕主题确定，所用到的事例要紧紧围绕主题叙述，凡是与主题无关或者关系不大的东西，尽量不用或者少用。

注重分析，思想性强。思想观点是汇报的灵魂。一次好的汇报包括三点，即好素材、好思想、好语言。好思想是重中之重，因而衡量一个汇报质量高不高、有没有价值，其中很重要的一点就是看其思想观点是否正确、是否鲜明，内容是否深刻。汇报的思想性主要体现在两个方面：一方面，政治上不能出错。即材料阐述的思想观点不能与党的路线方针政策、国家的法律法规相背离。另一方面，能够给人以启发，使人听了豁然开朗。不少同志写汇报稿也常犯不注重分析、缺乏思想性的毛病。

评价客观，情况准确。汇报是向上级反映情况、提供信息的，它直接为上级领导机关的决策服务。如果情况失真，或出现偏差，就可能在全局上造成不良后果。因此，汇报一定要求真务实，汇报的内容都应真实准确，特别是涉及数字、比例、评价之类的内容，更要准确无误。这就要求做到求实。求实，就是说实话、报实情，一是一、二是二。反映的情况应当是真实的，而不是虚假的；列举的现象，必须是客观存在的，决不能是个人虚构的；谈成绩、讲问题，务求恰如其分，对成绩不能随意拔高、扩大，对问题不能有意回避、掩饰，确保情况和信息真实可信。

寓理于事，言之有物。有些汇报之所以引不起共鸣，激不起兴奋点，不能打动人、感染人，原因是多方面的。其中很重要的一条就是言之无物，华而不实。汇报的最大特点就在于注重用事实说话，寓理于事，以事明理，事理结合，以事为主。这样，讲起来才能有血有肉，听起来才能有滋有味。

> 脱稿讲话者平时要做有心人，做到“家事国事天下事，事事关心”，广泛地阅读、收集、积累材料，同时加强自我的思想、道德、情感等各方面的修养。这是一个长期、琐碎而复杂的工作。

【脱稿范例】

史蒂夫·乔布斯：你必须要找到你的所爱（节选）

我今天很荣幸能和你们一起参加毕业典礼，斯坦福大学是世界上最好的大学之一。我从来没有从大学中毕业。说实话，今天也许是在我的生命中离大学毕业最近的一天了。今天我想向你们讲述我生活中的三个故事。不是什么大不了的事情，只是三个故事而已。

第一个故事是关于如何把生命中的点点滴滴串连起来。

我在 Reed 大学读了六个月之后就退学了，但是在 18 个月以后——我真正地做出退学决定之前，我还经常去学校。我为什么要退学呢？

故事从我出生的时候讲起。我的亲生母亲是一个年轻的，没有结婚的大学毕业生。她决定让别人收养我，她十分想让我被大学毕业生收养。所以在我出生的时候，她已经做好了一切的准备工作，能使得我被一个律师和他的妻子所收养。但是她没有料到，当我出生之后，律师夫妇突然决定他们想要一个女孩。所以我的养父母（他们还在我亲生父母的观察名单上）突然在半夜接到了一个电话："我们现在这儿有一个不小心生出来的男婴，你们想要他吗？"他们回答道："当然！"但是我的亲生母亲随后发现，我的养母从来没有上过大学，我的父亲甚至从没有读过高中。她拒绝签这个收养合同。只是在几个月以后，我的养父母答应她一定要让我上大学，那个时候她才勉强同意。

在17岁那年，我真的上了大学。但是我很愚蠢地选择了一个几乎和你们斯坦福大学一样贵的学校，我的父母是蓝领阶层，他们几乎把所有积蓄都花在了我的学费上面。在六个月后，我已经看不到其中的价值所在。我不知道我想要在生命中做什么，我也不知道大学能帮助我找到怎样的答案。但是在这里，我几乎花光了我父母这一辈子的所有积蓄。所以我决定要退学，我觉得这是个正确的决定。不能否认，我当时确实非常的害怕，但是现在回头看看，那的确是我这一生中最棒的一个决定。在我做出退学决定的那一刻，我终于可以不必去读那些令我提不起丝毫兴趣的课程了。然后我还可以去修那些看起来有点意思的课程。

但是这并不是那么浪漫。我失去了我的宿舍，所以我只能在朋友房间的地板上面睡觉，我去捡五美分的可乐瓶子，仅仅为了填饱肚子，在星期天的晚上，我需要走七英里的路程，穿过这个城市到Hare Krishna神庙（注：位于纽约Brooklyn下城），只是为了能吃上饭——这个星期唯一一顿好一点的饭，我喜欢那里的饭菜。

……

我的第二个故事关于爱和失去。

我非常幸运，因为我在很早的时候就找到了我钟爱的东西。Woz和我在20岁的时候就在父母的车库里面创办了苹果公司。我们工作得很努力，十年之后，这个公司从那两个车库中的穷小子发展到了超过四千名的雇员、价值超过20亿的大公司。在公司成立的第九年，我们刚刚发布了最好的产品，那就是Macintosh。我也快要到30岁了。在那一年，我被炒了鱿鱼。你怎么可能被你自己创立的公司炒了鱿鱼呢？嗯，在苹果快速成长的时候，我们雇用了一个很有天分的家伙和我一起管理这个公司，在最初的几年，公司运转得很好。但是后来我们对未来的看法发生了分歧，最终我们吵了起来。当争吵到不可开交的时候，董事会站在了他的那一边。所以在30岁的时候，我被炒了。在这么多人的目光下我被炒了。在而立之年，我生命的全部支柱离自己远去，这真是毁灭性的打击。

在最初的几个月里，我真是不知道该做些什么。我觉得我很令上一代的创业家们失望，我把他们交给我的接力棒弄丢了。我和创办惠普的David Pack、创办Intel的Bob Noyce见面，并试图向他们道歉。我把事情弄得糟糕透顶了。但是我渐渐发现了曙光，我仍然喜爱我从事的这些东西。苹果公司发生的这些事情丝毫没有改变这些，一点也没有。我被驱逐了，但是我仍然钟爱我所做的事情。所以我决定从头再来。

……

我的第三个故事是关于死亡的。

……

大概一年以前，我被诊断出癌症。我在早晨七点半做了一个检查，检查清楚地显示在我的胰腺有一个肿瘤。我当时都不知道胰腺是什么东西。医生告诉我那很可能是一种无法治愈的癌症，我还有三到六个月的时间活在这个世界上。我的医生叫我回家，然后整理好我的一切，那是医生对临终病人的标准程序。那意味着你将要把未来十年对你小孩说的话在几个月里面说完；那意味着把每件事情都安排好，让你的家人会尽可能轻松地生活；那意味着你要说“再见了”。

……